DISCLAIMER

The author and publisher are providing this book and its contents on an "as is" basis and make no representations or warranties of any kind with respect to this book or its contents. The author and publisher disclaim all such representations and warranties, including but not limited to warranties of merchantability. In addition, the author and publisher do not represent or warrant that the information accessible via this book is accurate, complete, or current.

Except as specifically stated in this book, neither the author nor publisher, nor any authors, contributors, or other representatives will be liable for damages arising out of or in connection with the use of this book. This is a comprehensive limitation of liability that applies to all damages of any kind, including (without limitation) compensatory; direct, indirect, or consequential damages; loss of data, income, or profit; loss of or damage to property; and claims of third parties.

This Book Offers Free Bonus Puzzles

Available Here:

BestActivityBooks.com/WSBONUS20

5 TIPS TO START!

1) HOW TO SOLVE

The Puzzles are in a Classic Format:

- Words are hidden without breaks (no spaces, dashes, ...)
- Orientation: Forward & Backward, Up & Down or
  in Diagonal (can be in both directions)
- Words can overlap or cross each other

2) LEVEL UP THE GAME!

A space is provided next to each word to write new ones, translations or notes. We also offer a convenient **NOTEBOOK** at the end of this edition. It can help you organize your annotations, new words and/or observations.

3) TAG YOUR WORDS

Have you tried using a tag system? For example, you could mark the words which have been difficult to find with a cross, the ones you loved with a star, new words with a triangle, rare words with a diamond and so on...

4) EASY TO CUT!

The Puzzles come with an Extra Large margin to easily cut the page out of the book. Some people may feel it more convenient to solve them this way.

5) FINISHED?

Go to the bonus section: **MONSTER CHALLENGE** to find a free game offered at the end of this edition!

Want **more fun** and activities to **relax? It's Fast and Simple!** An entire Game Book Collection **just one click away!**

Find your next challenge at:

BestActivityBooks.com/MyNextWordSearch

Ready, Set... Go!

Did you know there are around 7,000 different languages in the world? Words are precious.

We love languages and have been working hard to make the highest quality books for you. Our ingredients?

One part easy-to-read print, three parts entertainment, then we add some challenging words and a pinch of rare ones. We brew them with care to serve you lots of fun and an opportunity to solve the best puzzles.

Your feedback is essential. You can be an active participant in the success of this book by leaving us a review. Tell us what you liked most in this edition!

Here is a short link which will take you to your Amazon orders review page.

BestBooksActivity.com/Review50

Thanks for your fidelity and enjoy the Game!

Delta Classics Team

Puzzle 1

```
O  K  Ü  D  G  F  V  Y  E  F  G  V  N  S  S
V  Ö  N  ß  E  A  Ü  A  G  C  ß  P  Ü  T  T
A  A  I  M  R  L  E  S  T  U  N  D  E  R  R
W  E  H  V  I  L  P  U  A  W  E  D  T  U  A
U  J  M  G  C  E  W  O  Ö  Z  T  P  L  K  ß
G  B  C  Ä  H  N  X  R  G  T  U  Ä  L  T  E
S  S  W  Q  T  A  X  B  X  U  A  N  O  U  S
N  A  T  Ü  R  L  I  C  H  E  R  N  S  R  I
I  Q  L  Q  R  N  F  O  V  I  T  A  G  E  N
C  P  L  R  E  U  Q  T  J  M  R  A  L  A  N
O  Ü  Q  T  K  U  S  S  J  R  E  Ü  T  C  L
G  D  S  H  P  L  V  U  I  A  V  ß  B  G  O
ß  E  R  O  L  K  L  O  F  E  H  J  Ü  E  S
W  Ä  J  M  Z  V  E  N  T  F  E  R  N  T  E
```

ARM	STRUKTUR
RÜBE	WESTEN
WAND	ALARM
VERTRAUTEN	QUER
FIX	STRAßE
STUNDE	GERICHT
ENTFERNTE	KUSS
FALLEN	NATÜRLICHE
SINNLOS	FOLKLORE
NEGATIV	SOLLTE

Puzzle 2

```
Ü A B P B Ü F F E L F S Ü N B
F U E L G I F T D F L N E E E
I F T A D N U L I I Ä R T U I
G M R S O V B R U R O Ö N A T
U E A T J L G A F B S D E R R
R R C I Y N C Ö E I J N S F A
G K H K A O Q G E O K A E H G
Z S T K U R T S N O K T I A S
V A E O D Z W D ß M R S W N E
D M N C B B Z ß Y Ö U Q K D C
T I E H S I E W H F T Z ß E Ö
K A N E H C I E R N I E T L C
B V A R I A G A N K O M M E N
V E R D R Ä N G E N W I Y J Ö
```

ENTE
WEISHEIT
WIESE
BETRACHTEN
BEITRAG
GEBOREN
PLASTIKKOCHER
EINREICHEN
BÜFFEL
ANKOMMEN

FIGUR
ANGRIFF
VERDRÄNGEN
STAND
HANDEL
GIFT
GEHÖRT
AUFMERKSAM
FRAUEN
KONSTRUKT

Puzzle 3

```
M  V  E  R  H  E  I  R  A  T  E  T  E  G  K
R  I  W  Ö  T  I  B  G  A  Ä  S  E  I  K  O
Y  N  N  H  P  R  D  U  V  K  D  T  E  O  S
B  H  P  U  Z  E  X  Ü  F  K  L  Z  R  M  T
Y  H  D  D  T  S  W  N  D  Ä  E  T  F  B  E
S  C  H  U  H  E  ß  E  F  L  B  U  J  I  N
R  E  G  E  N  Y  N  G  L  A  Ö  N  B  N  L
G  K  M  T  U  M  R  A  K  N  M  E  J  I  O
I  Ü  E  N  H  O  N  L  A  G  T  G  D  E  S
X  Y  Ä  R  S  S  Y  H  Y  E  K  B  Q  R  E
R  E  M  M  I  W  H  C  S  S  I  A  S  T  T
Z  K  Ü  G  E  E  B  S  Z  E  H  N  T  E  E
E  U  P  A  R  E  X  P  E  R  I  M  E  N  T
T  O  G  X  P  B  R  O  K  K  O  L  I  B  N
```

MINUTEN	SCHLAGEN
FREI	KOSTENLOSE
VERHEIRATETE	SCHWIMMER
BROKKOLI	ABGENUTZTE
SCHUH	SORGFÄLTIG
SERIE	ZEHNTE
ZUG	PREIS
MÖBEL	EXPERIMENT
LANGES	KOMBINIERT
ARMUT	REGEN

Puzzle 4

```
B U N A B H Ä N G I G K E I T
V E V A T E R V S C H W A N B
S R S G T L E F I E W Z R E V
P A M C H C I L R E H C I S V
I U S P H Y K M W U L E G Ö V
E M J I E Ä Y H S R C T T P G
L F X B C W F F E H L H E ß E
E E N E G N U T H C I R T R O
R N W G O Ä Q H I W ß F G V N
I S A I R E Y C U G J F Ö D I
S T R N I C S I V L T Z C B N
C E M N T H C S A R R E B Ü D
H R E E V E N E L Y Y J J M E
ß Ä N N Y T Q G P U P P E T X
```

FRUCHT	VERZWEIFELT
RICHTUNGEN	VATER
INDEX	RAUM
PUPPE	WARMEN
VÖGEL	BESCHÄFTIGT
FEHL	FENSTER
BEGINNEN	ELTERN
UNABHÄNGIGKEIT	GESICHT
SICHERLICH	SCHWAN
ÜBERRASCHT	SPIELERISCH

Puzzle 5

```
F  B  V  Ö  V  T  C  P  Ü  O  R  V  B  Ü  A
G  F  P  X  I  A  D  G  P  Q  Ä  E  E  K  Ö
E  S  I  N  G  I  E  R  E  Ä  Ü  R  Z  Ö  H
X  W  Q  N  E  N  J  Ü  G  Ü  R  F  I  Q  W
Q  N  S  S  B  E  N  Z  I  N  R  Ü  E  F  L
U  O  E  F  R  A  G  E  N  E  E  G  H  L  A
A  S  Z  T  V  G  I  G  F  L  F  B  E  Ö  M
L  R  T  Q  J  B  Ä  S  R  O  F  A  N  W  H
I  E  ß  Ü  S  A  N  G  S  I  E  R  K  Z  C
T  P  E  H  C  A  L  F  Z  M  F  E  T  T  N
Ä  ß  N  Q  R  K  Q  V  I  M  P  T  W  O  A
T  N  M  T  R  E  G  E  N  S  C  H  I  R  M
S  C  H  W  A  M  M  G  I  Q  T  Y  Ö  T  R
B  E  S  T  I  M  M  E  N  C  Y  N  S  M  R
```

PERSON	FLACHE
SÜßE	QUALITÄT
STÜCK	BENZIN
VERFÜGBARE	BESTIMMEN
TROTZ	BEZIEHEN
PFEFFER	MANCHMAL
KREIS	REGENSCHIRM
TRANSFER	SCHWAMM
EREIGNIS	FRAGEN
DIESES	ZWÖLF

Puzzle 6

```
Y  C  B  V  H  W  E  F  Ö  W  M  Z  B  E  Ä
T  U  A  H  M  ß  K  S  T  Ö  E  I  I  A  M
E  M  O  T  O  R  S  N  E  T  S  G  N  Ü  J
I  K  N  E  H  C  I  L  D  Ü  S  B  ß  F  F
L  I  C  G  E  N  U  G  Ü  B  U  L  Ö  O  O
N  Ü  S  Ü  L  R  O  I  R  A  N  E  Z  S  R
E  N  E  F  R  A  H  C  S  Y  G  C  R  F  M
H  E  Ä  W  Ö  B  N  R  D  K  A  K  Y  N  E
M  U  J  E  J  X  F  R  N  L  U  F  T  I  L
E  L  K  Ä  Z  A  R  T  E  T  I  E  B  R  A
R  E  T  R  A  N  S  P  O  R  T  S  Ü  K  B
A  Ä  D  X  L  S  C  H  L  E  C  H  T  L  V
A  S  J  S  A  H  N  U  L  Q  Y  G  U  O  W
N  Q  T  Ö  A  R  B  E  I  T  E  R  X  E  K
```

GENUG   SÜDLICHEN
LECK   SCHARFEN
EULE   FORMEL
BRÜCKE   TRANSPORT
HAUT   JÜNGSTEN
MOTOR   SCHLECHT
LUFT   SZENARIO
BIS   TEILNEHMER
MESSUNG   ARBEITER
ARBEITET   ZART

Puzzle 7

```
U  H  Ä  S  A  Q  N  M  K  I  O  I  T  N  F
Ü  ß  U  B  P  A  A  E  G  E  T  A  N  F  O
P  C  K  Ä  M  ß  T  R  S  C  Ü  M  N  E  R
C  B  N  E  R  R  I  W  R  E  V  J  Ü  T  S
P  E  A  Q  I  E  V  S  I  ß  L  O  D  T  C
Q  Z  B  B  H  G  E  O  G  T  G  B  D  F  H
B  M  G  C  G  I  R  W  E  A  G  Ö  ß  D  U
S  Q  S  ß  B  T  X  O  L  Z  D  U  A  X  N
H  A  A  Z  K  A  C  H  J  U  W  V  U  F  G
T  I  Ä  N  E  G  I  L  L  I  W  I  E  R  F
L  E  I  C  H  T  I  G  K  E  I  T  M  V  U
K  I  R  C  H  E  S  C  H  L  A  N  G  E  A
L  X  P  E  B  E  H  A  L  T  E  N  B  G  Y
G  L  A  U  B  E  N  N  K  I  N  D  T  D  U
```

TIGER	FETT
LEICHTIGKEIT	BANK
BEHALTEN	SOWOHL
GETAN	VERWIRREN
MAI	LESEN
MAß	KIND
FREIWILLIGEN	GLAUBEN
DÜNN	NATIVER
FORSCHUNG	KIRCHE
TASCHE	SCHLANGE

Puzzle 8

```
V Q X H P E G Ä S G Ä S E Ü Z
Ü W M G R A N V C K R K T P E
G Z E K ß K E T F O O K Ü F L
E C H B L Ü T E L H P B D F S
S Y R G Y I I F Ä A Ö Ä O H A
E F G I L T E C J P S R K L M
L Z E S O A S C H A X S R W D
L L V H C U T M Q P Y M E T R
S D ß C L I I X V S Ö K W N O
C D T U Z E L I E G E N Z Ü Y
H D A A Ä H N E T L A F T T M
A J N E N Ö H C S S K Ä E X U
F Ö T S N O S U Ü W O Ö N K D
T Q E I N S P I R I E R E N X
```

MEHR
GESELLSCHAFT
SCHÖNEN
SÄGE
NETZWERK
KOBOLD
GILT
SEITEN
TANTE
FALTEN

SONST
OFT
LIEGEN
FEHLEN
PAPA
AUCH
BLÜTE
INSPIRIEREN
ENTLASSEN
TUCH

Puzzle 9

```
N  E  T  G  I  T  H  C  E  R  E  B  E  V  E
X  G  D  B  Ö  R  J  U  L  L  G  V  I  E  N
C  E  U  I  F  F  Y  H  N  U  M  M  S  Q  T
H  L  R  D  S  Z  N  O  T  T  S  U  R  B  F
C  F  E  T  H  K  S  L  Y  Ä  E  Y  Ü  H  E
A  P  K  O  W  S  U  Z  L  Ü  T  N  G  ß  R
R  A  O  C  R  U  M  S  F  O  R  M  A  L  N
P  L  R  E  F  P  O  Ü  S  T  X  Y  Ä  W  U
S  J  D  M  B  Y  U  Ä  V  I  ß  Q  Z  A  N
L  K  N  E  R  E  I  R  E  P  O  O  K  C  G
S  T  R  A  ß  E  N  B  A  H  N  N  M  K  E
G  R  O  ß  M  U  T  T  E  R  J  U  I  E  K
Z  W  I  S  C  H  E  N  S  E  G  E  L  L  U
N  Ä  C  H  S  T  E  K  L  E  B  E  R  N  D
```

SEGEL	HOLZ
CLUB	REKORD
PFLEGE	UNTEN
BRUSTTON	WACKELN
SPRACH	DISKUSSION
KOOPERIEREN	BERECHTIGTEN
NÄCHSTE	ENTFERNUNG
ZWISCHEN	OPFER
KLEBER	GROßMUTTER
FORMAL	STRAßENBAHN

Puzzle 10

```
D H T E M M I T S A M J A C Ü
P A S L M A V N Z G I H U R R
W V P A Y J U Z C R H J ß W Ü
A F I N ß U I S K A X M S F T
E G H O D P Z Ö B D G Ä D ß T
F H C I L T N E D R O R E Ö A
R E S T A U R A N T E I K W N
B S W A P ß S C B Ü N C N P Z
O S A N E G N Ä H E A L H I E
X E F R R I A Ä G H O R N E S
E R F E V A L E N T I N E T N
N D E T S C H W I M M E N R T
M A E N E R E T N U H P V A W
ß B A I B L E I S T I F T P A
```

BLEISTIFT
VALENTINE
CHIPS
AFFE
RESTAURANT
RUHIG
GENIEßT
TANZES
BOXEN
INTERNATIONALE

UNTEREN
PARTEI
AUSBRECHEN
HÄNGEN
SCHWIMMEN
ADRESSE
STIMME
PIZZA
ORDENTLICH
GRAD

Puzzle 11

```
F  B  Z  P  D  L  U  X  U  S  Z  G  M  Ä  C
J  R  N  E  L  I  E  O  U  X  C  R  Ö  Ü  H
D  U  E  L  E  I  V  Ö  Z  P  P  O  L  A  G
B  Z  F  T  F  J  T  U  N  F  Ö  ß  Q  G  Ö
V  U  F  H  T  K  L  X  H  E  T  V  V  E  V
T  Q  A  C  B  C  Q  J  E  H  E  A  U  L  K
Ö  A  W  I  F  R  H  A  S  G  S  T  S  E  B
U  I  D  L  Y  L  H  E  R  S  L  E  T  G  Z
J  R  A  F  Q  ß  J  E  N  I  E  R  S  E  Y
C  B  K  P  U  S  B  G  A  R  G  M  E  N  C
B  L  Ä  T  T  E  R  M  K  I  E  N  E  H  P
X  M  ß  E  Z  T  A  K  D  L  I  W  G  E  S
G  L  O  C  K  E  N  E  N  A  S  A  F  I  A
P  Ü  Z  W  E  S  T  L  I  C  H  E  N  T  J
```

GROßVATER
VIELE
SEE
FELD
FRETTCHEN
WILDKATZE
MAIL
BLÄTTER
GLOCKE
WESTLICHEN

WAFFE
EILEN
BERGE
FASANEN
GALOPP
GELEGENHEIT
PFLICHT
SIEGEL
IRIS
LUXUS

Puzzle 12

```
E  G  V  I  A  D  A  H  E  R  G  V  U  P  W
I  B  E  I  S  P  I  E  L  D  G  E  Z  E  A
N  G  R  U  P  P  E  Ä  W  L  E  R  B  R  S
Z  W  N  W  G  O  W  V  L  A  S  S  E  F  S
U  F  D  E  R  M  A  A  N  B  E  T  O  E  E
F  I  Ä  U  Z  ß  B  E  E  I  H  E  B  K  R
A  M  Ü  D  J  T  L  G  T  Ö  E  H  A  T  M
L  E  T  S  E  F  I  ß  T  I  N  E  C  E  E
L  F  F  K  T  U  J  S  E  B  G  N  H  N  L
E  Z  S  D  H  A  R  K  E  U  Ö  P  T  B  O
N  A  I  V  C  K  C  K  Z  B  G  Ö  E  F  N
B  Ä  G  Ö  A  E  H  C  A  S  T  A  T  F  E
R  U  R  R  D  G  B  R  U  N  N  E  N  N  M
M  I  T  T  A  G  E  S  S  E  N  V  S  X  F
```

FESTE	ELF
EINZUFALLEN	TATSACHE
BALD	BEOBACHTET
GEKAUFT	GESEHEN
GRUPPE	DACHTE
VERSTEHEN	BEISPIEL
BRUNNEN	PERFEKTEN
WASSERMELONE	NETTE
MITTAGESSEN	DAHER
BESITZEN	BASKETBALL

Puzzle 13

```
S  C  H  N  E  E  M  A  N  N  ß  S  H  S  U
L  R  V  Ä  K  H  L  Ä  E  Z  C  M  T  C  N
A  A  Z  V  Ä  C  A  U  Ü  H  M  A  B  H  A
V  T  ß  D  N  A  U  H  W  J  T  L  W  L  B
E  M  Ü  D  E  R  T  E  Ü  I  V  I  A  A  H
R  M  W  W  L  P  R  Ü  O  G  N  L  S  F  Ä
L  I  E  E  E  S  E  N  Z  Ö  E  A  C  Z  N
O  N  R  I  I  S  I  B  C  G  L  L  H  I  G
R  N  D  Z  P  U  Z  P  I  C  A  Ä  E  M  I
E  A  E  E  S  A  U  Ä  M  H  R  ß  N  M  G
N  E  N  N  G  W  D  O  W  L  T  P  U  E  Ü
P  K  G  R  W  Ä  E  Y  S  W  N  X  P  R  P
N  E  T  L  A  H  R  E  V  W  E  Z  E  U  X
H  I  M  M  E  L  G  ß  X  ß  Z  Y  E  P  Q
```

SCHLAFZIMMER	WASCHEN
VERLOREN	LAUT
SPIELEN	WERDEN
UNABHÄNGIG	LILA
SCHNEEMANN	SCHWER
VERHALTEN	REDUZIERT
ZENTRALEN	HÜGEL
HIMMEL	ANNIMMT
MÜDE	AUSSPRACHE
STATION	WEIZEN

Puzzle 14

```
H E R R S C H A F T Q R G Z O
Ü G N U R Ö T S R E Z Q L T A
M A N A G E M E N T M I C A G
D T E Ö I Ö L ß P ß P A W S I
E S V E R W A L T U N G R L B
L M Ä K U N E D E I R F U Z E
P A J S A E N B S U V C S E S
H S Q A R S I W B W Q V M K E
I R G M T F L F L C B K Z B T
N O W F U Q W I S S P D Ö R Z
J F V A G E F Ä H R L I C H E
Y T L E G O V X P M B W C A N
V E R S C H I E D E N E S J U
E R W A R T E T E M Q A Ö I Ä
```

LAUF
JAHR
GEFÄHRLICH
DELPHIN
ERWARTETE
SATZ
QUELLE
ZERSTÖRUNG
MANAGEMENT
ZUFRIEDEN

SAMSTAG
VERSCHIEDENES
VERWALTUNG
BESETZEN
TRAURIG
MASKE
VOGEL
HERRSCHAFT
PILZ
LINEAL

Puzzle 15

```
ß Q T C B R Ä R K W X T E H Z
Q R C G U E L I E M A I R I T
G U R K E S Q B W R R Ö R L H
B W A W G Ä H U D S Z A E F E
G R Ü N G K Ü A E S B N I E R
B R T Ü X C U T Q M U N C B M
I C K T S Q H S W G E E H Ü I
E R W Ä H N U N G Y F H T R S
G P ß K C R E T T I R M F G C
R D L W E W F D S ß T E B E H
T K Z G S J G N A L T N E R E
D W N J A H R Z E H N T E N C
C I W P Y D E B A T T E H H K
F R E P R Ä S E N T I E R E N
```

BÜRGERN
ENTLANG
FINGER
RITTER
THERMISCHE
ERREICHT
QUADRAT
ANNEHMEN
GURKE
KÄSE

REPRÄSENTIEREN
MEILE
GRÜN
JAHRZEHNTE
DEBATTE
BEQUEME
STAUB
ERWÄHNUNG
HILFE
SECHS

Puzzle 16

```
U  O  S  C  W  Y  A  Q  A  L  A  V  B  E  S
D  M  K  S  I  N  L  X  ß  C  M  B  R  Q  T
Ä  E  N  G  E  L  R  E  H  C  I  E  P  S  A
M  Z  E  ß  N  W  Z  F  E  K  L  O  W  Ü  N
M  D  B  N  V  F  ß  I  H  G  K  R  Q  Ü  D
E  H  E  ß  W  U  R  E  B  Ü  N  E  G  E  G
R  M  G  N  T  T  P  S  G  J  Z  T  N  S  L
U  ß  F  E  S  R  S  Y  N  A  I  K  U  Ä  L
N  W  U  U  M  T  O  B  A  G  J  A  N  O  N
G  J  D  D  H  G  Ö  M  R  D  A  R  I  X  J
M  N  E  Z  T  I  P  S  M  E  Z  A  E  F  H
I  D  R  E  I  ß  I  G  A  E  H  H  M  Ü  G
E  R  H  O  L  U  N  G  T  O  L  C  ß  J  Y
X  F  X  R  E  I  G  E  N  S  C  H  A  F  T
```

HERBST	KLIMA
WOLKE	DREIßIG
SPITZEN	SPEICHER
SEIFE	CHARAKTER
JAGD	STAND
MEINUNG	ERHOLUNG
RAD	GEBEN
GEGENÜBER	ENGEL
TROMMEL	DÄMMERUNG
INDUSTRIE	EIGENSCHAFT

Puzzle 17

```
Z H Z E Ä G A L L Ö Ä Q T M H
B O P T N E M M I T S R H E Ö
X R O W E R O X V N E S C D F
S F L A L E X B Q I K I I I L
V C E S U I D T Z J P T R Z I
E V H O A Z Q I Z T P Z H I C
R X C Ü F T L V D X Q E C N H
T J A Y T P ß Y J Ä F N A I E
R N N I M T Z Y Q V H D N S W
A K V O I N E T T A H C S C O
G U K J E Y L T H P I F Q H L
V I S I O N I Z E Z T P X E L
Z U V E R S I C H T L I C H E
Z U S A M M E N B R U C H W N
```

SCHATTEN
STIMMEN
FROH
HÖFLICHE
VERTRAG
KOMPLIZIERT
WOLLEN
ZOO
SITZEND
NACH

SCHÜTTETE
LAG
ZUSAMMENBRUCH
ZUVERSICHTLICH
GEREIZT
FAULEN
NACHRICHT
ETWAS
VISION
MEDIZINISCHE

Puzzle 18

```
K  J  W  O  T  N  O  K  Z  B  E  K  A  M  N
A  R  V  ß  O  E  L  E  U  W  P  F  Q  P  X
Ä  H  N  L  K  R  Ü  J  T  N  U  B  F  N  N
J  R  L  T  Ü  E  Ä  J  A  N  W  D  K  E  E
A  A  T  R  R  I  Q  T  T  V  H  L  S  T  G
B  P  A  I  Z  L  J  H  E  I  V  S  Ü  E  U
ß  R  U  F  L  U  X  Ö  ß  R  U  W  V  R  Z
K  A  S  F  I  K  D  U  Z  L  K  L  D  T  R
N  K  E  T  C  R  O  K  F  Y  Ü  E  M  F  O
I  T  N  Y  H  I  D  N  Ä  A  Ä  M  S  U  V
E  I  D  A  A  Z  I  N  V  O  O  A  H  A  E
O  S  Ä  D  U  E  S  U  A  P  D  D  N  U  B
ß  C  G  J  E  Ä  N  G  S  T  L  I  C  H  C
O  H  Ü  B  K  A  T  A  S  T  R  O  P  H  E
```

ZIRKULIEREN	DAME
KONTO	ÄNGSTLICH
BALLON	BEVORZUGEN
KÜRZLICH	BEKAM
TRIFFT	KATASTROPHE
PAUSE	VIEH
ZUTAT	KNIE
PRAKTISCH	TAUSEND
BUNT	SEKRETÄR
BEEINFLUSSEN	AUFTRETEN

Puzzle 19

```
U G U K K M H E S I O I Q V I
M M W N A Z K J I S O Z T Z Ä
G Ö F N T C E O N E R Ö H E G
A W Ö A E E F Ö G S ß Ö C ß Ö
N Z R N S I R Ä E L R B I F K
Z N H E T S E N N A Ö Q L I R
E C Q M J Ö E L E K I T R A Ü
S E C T ß E X N E H C O N K C
B Y L A K R A B B E M H F W K
H G N U G I D I E T R E V A E
U N S I C H T B A R X S R H N
K O M M U N I Z I E R E N L G
I U A S C H U L R A N Z E N E
E N G L I S C H Ä S A C H T Ü
```

UNSICHTBAR
KRABBE
WAHL
SCHULRANZEN
SCHNECKE
LICHT
VERTEIDIGUNG
UMFASSEN
SINGEN
GANZ

ATMEN
ENGLISCH
KNOCHEN
UNTERNEHMER
ACHT
GEHÖREN
ARTIKEL
RÜCKEN
KOMMUNIZIEREN
NEST

Puzzle 20

```
G  S  Ö  D  I  V  N  Z  L  N  G  U  G  F  K
Ö  E  M  R  O  N  E  E  E  E  K  Y  E  E  R
V  L  U  D  Ö  S  H  R  E  T  T  O  B  I  A
ß  A  V  O  M  Ö  E  W  E  I  O  T  U  N  N
D  I  N  G  E  I  G  M  K  E  N  Q  N  D  K
C  Z  C  P  N  N  U  T  Z  K  Z  T  D  Q  E
Y  O  H  I  F  A  H  J  Y  G  Ö  O  E  S  N
Q  S  F  V  L  J  B  O  B  I  ß  W  N  R  H
U  E  Ä  F  I  H  T  Ö  L  ß  X  L  P  N  A
D  V  P  P  X  E  A  L  H  Ü  K  E  W  U  U
N  E  H  C  U  S  R  E  V  S  C  B  M  J  S
V  E  R  D  A  U  T  Z  G  U  I  E  I  S  M
S  C  H  W  A  C  H  C  I  Ü  L  N  N  ß  U
B  E  H  A  N  D  E  L  N  G  B  Ä  E  Ö  T
```

SOZIALES	BEHANDELN
VIERZIG	MINE
ENORME	DINGE
SÜßIGKEITEN	PFLAUME
KRANKENHAUS	BLICK
VERDAUT	OTTER
DEFINIEREN	GEBUNDEN
VERSUCHEN	FEIND
LEBEN	SCHWACH
KÜHL	GEHEN

Puzzle 21

```
W H S O P T I O N L K P D A R
Y U F L E I S C H P R Z E K L
Y Ü N E R A B S S E H M T A G
S F E S S A Ö Q C R L ß A D E
V E V V C N J H T E F K I E A
D U M M E H N V B A Ü N L M E
K L A S S E N Z I M M E R I I
J O Y P R S U C H E N H I S S
G L O S S A R Ö R Ä C C M C R
B V D L V Z P R F Ö Ä R P H E
V E R T E I L E N F H O O E I
G L Ä N Z E N D E R N H R G F
B E D Ü R F N I S S E E T V E
T R A N S P A R E N T G N P N
```

DUMME	GEHORCHEN
EIS	WUNSCH
GLÄNZENDER	VERTEILEN
ÖFFNEN	BEDÜRFNISSE
KLASSENZIMMER	TRANSPARENT
AKADEMISCHE	REIFEN
FLEISCH	RECHNER
SUCHEN	IMPORT
GLOSSAR	ESSBAREN
DETAIL	OPTION

Puzzle 22

```
W O L L E T N E M G A R F B P
F L D H T K K J T S E N H Ü B
N I K O Ü E ß V L H Z B Ä T O
R G Y W N F Y R C P I N S E L
E E K B W F F S R A W Ü Ö T P
W L L O Z E I F A H R E R K R
U E S D Ö G L O L J X Z P C Ü
R E H C A R P S N F T Ä ß U F
D R W R S ß M D W H T H J Z U
E T T N E D I S Ä R P N D T N
M Q R U Z E S O S P W E K G G
L F Ö R D Z M D H C F A J U M
H O O T U A U S ß P T B C G W
R V K O Ö B I O L O G I E U Q
```

ADLER	ZÄHNE
WOLLE	BIOLOGIE
PRÜFUNG	TRAGISCHER
PRÄSIDENT	PINSEL
BÜHNE	SIMPLIFY
ZUCKTE	VOR
GELEERT	WURDE
AUTO	EFFEKT
FAHRER	FRAGMENT
OBWOHL	SPRACHE

Puzzle 23

```
M E T S Y S E L L A J I Ü K Z
S O P U A B S T I M M U N G U
P M T E J U B T J A N M X I R
I Ö F O W L C I N I E T S N Ü
N R C A R D A U E R G E Ö T C
A K I F A R G F S X L Z S E K
T Z W U X Ö A U S I O Ö T R Z
W Ü T E N D I D A L F H Ä A I
Y G Ü N Ü J W K L Q U A N K E
L Q J N B ß T T R K R R D T H
Q Ö Q O V I F H E T D M I I E
G K V S V F Y M V Ü S E G O N
A B D E C K U N G K Ä E E N W
E H E M A L I G E S H M R V F
```

STÄNDIGER
VERLASSEN
DAUER
KUH
ZURÜCKZIEHEN
EHEMALIGES
ABSTIMMUNG
GRAFIK
ARMEE
SPINAT

AKTIVE
FOLGEN
ALLES
SONNE
ABDECKUNG
WÜTEND
SYSTEM
INTERAKTION
STEIN
MOTORRAD

Puzzle 24

```
I  ß  J  Z  E  G  Q  P  E  G  N  U  B  Ü  S
P  T  Z  L  H  A  Q  S  O  O  I  Z  L  E  C
S  A  H  H  O  Ä  C  I  I  M  Z  S  A  I  H
N  Ü  A  D  O  S  G  T  S  B  V  ß  H  N  I
M  U  U  R  L  F  A  L  H  C  S  F  R  Z  L
Q  Ä  B  A  Ö  N  Ö  I  C  X  N  R  E  E  D
G  I  R  F  I  E  S  L  U  Ö  A  I  ß  L  K
C  ß  Ü  B  M  C  G  S  W  Q  G  E  U  O  R
B  V  M  T  B  F  V  C  A  Q  H  D  A  Ä  Ö
L  O  U  B  Y  N  E  H  C  S  A  L  F  B  T
K  G  R  O  ß  E  N  A  W  J  P  I  J  E  E
Y  R  K  W  K  A  G  T  R  E  W  C  V  Q  Ö
ß  U  B  K  O  Z  S  Z  L  R  T  H  C  I  N
A  U  F  M  E  R  K  S  A  M  K  E  I  T  F
```

FLASCHEN   WUCHS
MÜHLE   WERT
NICHT   EINZEL
SODA   SCHLAF
FRIEDLICH   AUßERHALB
SCHATZ   SCHILDKRÖTE
EIFRIG   GANS
ILTIS   AUFMERKSAMKEIT
ÜBUNG   GROßEN
KOMBINATION   PAAR

Puzzle 25

```
B K Ü T F S Ä H I S R T ß X W
E K C I D E B R C Ü L G C A I
G Ü X S A L B E L A C Ü U S S
R E I D U T S D W I V T M C S
I R L R R S B N Z O O G T H E
F E E E S A A U L M L Ä R W N
F D I F ß M U W A Ö Y R A E S
C N D P T I H T F L P T U S C
J O E F S V I S S S R W B T H
A S N I I S I Y W Q W E E E A
V E R S C H W I N D E N N R F
A B V H S C H O K O L A D E T
Q S E S T A C H E L B E E R E
Ü N E F A R T S E B B A L L H
```

STUDIE	DICKE
SELTSAM	BALL
WISSENSCHAFT	STACHELBEERE
ERLAUBT	WUNDER
PFERD	BESONDERE
AUTOMATISCHEN	SCHOKOLADE
TRAUBEN	BEGRIFF
LEIDEN	TRÄGT
BESTRAFEN	ANWALT
VERSCHWINDEN	SCHWESTER

Puzzle 26

```
F  V  E  Z  A  Ö  D  A  Ä  Y  O  A  J  M  N
J  O  V  Ü  Y  R  R  T  S  L  E  B  E  N  O
E  R  R  J  O  Ä  E  F  C  Y  T  A  I  N  T
D  E  M  M  S  H  D  N  U  R  G  V  C  A  W
E  G  G  H  Y  N  E  A  A  N  I  V  A  M  E
R  N  E  S  W  O  I  S  E  I  E  Q  E  R  N
Z  E  D  C  Z  G  W  R  Ü  M  Z  Z  G  H  D
E  R  Z  J  I  P  R  Z  N  A  R  Z  T  E  I
I  I  P  Y  Q  U  W  J  E  K  W  E  U  W  G
T  S  N  I  N  E  G  I  T  F  E  H  C  R  B
A  C  W  K  K  O  M  M  E  N  T  A  R  E  R
N  H  R  S  C  O  M  P  U  T  E  R  U  U  B
O  V  E  R  L  I  E  R  E  N  W  V  X  E  S
M  Y  R  B  Ö  J  T  Ö  W  S  Y  R  Z  F  Z
```

COMPUTER
JEDERZEIT
WIEDER
FEUERWEHRMANN
GRUND
HEFTIGEN
MONAT
SKI
ARZT
VERLIEREN

ARENA
SANFT
LEBEN
FORM
REGNERISCH
KAMIN
ZEIGT
KOMMENTAR
NOTWENDIG
KNURREN

Puzzle 27

```
B  ß  R  Ö  R  I  E  I  N  M  A  L  A  V  S
Z  R  Ö  V  I  Ü  N  H  A  T  T  C  S  O  C
O  K  K  T  S  B  E  N  J  ß  Z  K  U  R  H
G  E  M  L  I  V  I  Z  E  J  B  N  R  W  Ü
Ä  ß  U  O  K  K  A  M  M  R  T  V  J  Ä  T
D  X  ß  I  O  Ä  W  I  B  E  H  V  P  R  T
K  A  M  P  F  Ö  Ö  M  R  S  D  A  O  T  E
F  R  E  U  D  I  G  S  O  E  O  A  L  S  L
J  I  L  H  Ü  U  C  D  K  H  B  N  O  B  T
G  S  L  A  N  H  M  M  F  T  V  Z  N  Y  E
O  W  O  S  I  A  N  S  T  I  E  G  A  I  C
M  P  R  E  V  E  R  T  R  A  U  E  N  S  G
D  M  D  K  O  S  T  B  A  R  E  R  Q  ß  V
F  C  Ä  H  U  N  G  R  I  G  B  N  N  R
```

INNERHALB	ROLLE
ANSTIEG	KAMPF
HASE	VORWÄRTS
EINMAL	ZIVIL
RISIKO	KORB
UNTERSCHIED	FREUDIG
THESE	SONNIG
SCHÜTTELTE	KOSTBARER
KAMM	VERTRAUEN
HAT	HUNGRIG

Puzzle 28

```
K V D N Z Ö N F Y X Q Z ß Q N
A D E T Ü E I C O C K T A I L
B R C R L L E G E I P S P G U
I E ß H M V E R L Ä N G E R N
N K Ä E L E L L E W W M O G L
E W Ä L G N I N E R Ä L K R E
L K W E N E G N U R P S E G B
V A W G T M E T T E K N S Ü E
S C H U L D I G G L B A S W N
D R C ß I I T A M R I F A P S
ß I V L K W S I N ß M C T K R
F S Q I I N F X G ß Y U H U A
Q Z G Ä K J U M M W G Ü C E U
J C L E N N A K E E T K V J M
```

KABINE
VERMEINTLICHE
LKW
GESPRUNGEN
GELEHRT
WÄHLEN
FILM
VERLÄNGERN
TEEKANNE
TASSE

KETTE
WELLE
WIDMEN
ERKLÄREN
LEBENSRAUM
SCHULDIG
FIRMA
AUFSTIEG
COCKTAIL
SPIEGEL

Puzzle 29

```
N N B Y P M Ü Z ß S S W Ö S Ü
C U B A Q U Ü N K L E U H F J
P A P A R T E I E N D G C Z S
B E Y X I D J Z A F N X S H F
X Z R B Q D C K I Q U Ö R S E
C R B S N E N H E L B A I K S
S A V W O W I N Z I G E H E C
T W E Ü R N O I T K N U F L H
E H Z R Ü E A D R P F A D E L
I C R F M S F L O Ö C G O T I
G S N T Y S X F F I H C S T T
E W N E R E I R O N G I U T T
N E T N E G A P S I G E Ä X E
R E L I G I Ö S E N S E S N N
```

SCHWARZE
ABLEHNEN
AGENTEN
RELIGIÖSEN
SOFORT
SUCHE
SKELETT
ESSEN
PARTEIEN
BUNDES

BABY
PERSONAL
SCHLITTEN
HIRSCH
SCHIFF
FUNKTION
STEIGEN
WINZIGE
PFAD
IGNORIEREN

Puzzle 30

```
V A B S U G N A T U R U C I Ö
B J G E L E S E N S S N J N T
O I X C W D Ä V B E Z T B T F
R M L X R E C R L W V E E E E
Q D Z D J J G T J K O R D R C
U S H H U H E U P D R S R A H
T R O W T N A ß N G H T O G T
R E Ö Ö K K G L Q G E Ü H I E
A T S T R Ä W K C Ü R T U E N
H Ä G I D E E E O L S Z N R N
F P A N B L I C K C A U G E A
F S D N O F D Ö N O G N G N S
O F F I Z I E L L E E G H B S
A U S W I R K U N G N H F Ä G
```

NATUR	SELTEN
OFFIZIELLE	LESEN
BILDUNG	IDEE
RÜCKWÄRTS	ANTWORT
AUSWIRKUNG	HART
SPÄTER	UNTERSTÜTZUNG
VORHERSAGEN	INTERAGIEREN
NASS	FECHTEN
BEDROHUNG	ANBLICK
FONDS	BEWEGUNG

Puzzle 31

```
E  H  R  E  N  V  O  L  L  Ä  I  N  B  R  ß
T  Ä  U  S  C  H  E  N  J  A  R  R  F  Ä  B
R  A  U  C  H  V  R  ß  K  E  S  E  O  C  Ä
P  N  W  G  Q  ß  I  T  H  O  G  F  T  Ü  Ü
Ö  X  P  Ö  Ü  T  I  C  M  Ö  C  Ä  O  C  X
M  K  G  M  R  V  I  R  K  K  S  K  Q  W  Y
Ä  S  O  E  I  S  H  B  E  R  B  S  E  N  E
D  E  X  R  T  Y  N  E  T  L  A  H  R  E
C  I  Ä  E  I  Ö  E  R  Ü  F  I  P  Ö  L  G
H  T  V  A  T  N  N  A  K  E  E  X  N  R  Z
E  E  T  R  R  ß  L  K  U  T  T  I  G  E  L
N  Y  H  E  Y  ß  N  E  I  T  I  B  R  O  B
ß  T  L  E  W  M  U  T  J  E  D  E  N  F  G
P  W  L  P  E  E  U  E  W  H  R  K  B  G  F
```

UMWELT	VERSICHERN
KANN	TEIL
SEITE	EHRENVOLL
JEDEN	IGEL
ERBSEN	KÄFERN
RAUCH	AKTIVITÄT
FOTO	TÄUSCHEN
ORBIT	FETT
ERHALTEN	RAKETE
LERNEN	MÄDCHEN

Puzzle 32

```
ß  N  T  H  C  S  U  Ä  T  T  N  E  M  M  S
P  O  B  O  D  ß  Ü  I  U  R  U  N  E  E  T
E  I  N  M  U  E  D  I  O  E  S  Ö  S  C  A
I  T  L  E  I  F  Y  H  Y  T  A  L  S  H  U
N  A  E  L  T  Q  S  Z  N  L  N  Z  E  A  B
Z  R  H  E  E  A  W  L  N  A  D  I  R  N  I
U  E  C  S  N  H  G  O  K  V  W  E  S  I  G
F  N  Ä  S  G  N  C  T  G  V  I  M  C  K  E
Ü  E  L  Ü  I  Z  M  S  Q  H  C  L  H  E  N
H  G  Ö  L  E  J  J  S  R  D  H  I  Ü  R  Q
R  Q  G  H  E  U  F  E  R  I  S  C  L  ß  P
E  X  F  C  G  Q  A  H  S  M  K  H  E  B  O
N  A  W  S  T  A  T  Q  T  Q  S  C  R  I  D
V  J  C  U  Z  E  R  D  U  F  V  S  X  I  A
```

GENERATION	STAUBIGEN
UFER	MECHANIKER
ZIEMLICH	SANDWICH
KIRSCHE	EINZUFÜHREN
LÄCHELN	NUR
GEEIGNET	PILLE
ENTTÄUSCHT	ALTER
SCHÜLER	FIEL
NASHORN	MESSER
SCHLÜSSEL	STOLZ

Puzzle 33

```
P  B  U  T  T  E  R  Y  F  O  L  M  L  R  K
N  R  Q  A  B  H  B  T  A  O  I  Z  E  J  F
S  Z  Ä  X  E  K  A  M  Z  ß  U  V  T  E  D
T  S  Ä  C  X  M  J  U  X  E  L  Z  R  M  Ä
E  Ä  X  C  H  H  T  O  P  U  B  H  Ü  A  R
C  Ä  H  I  M  T  P  F  P  T  E  V  G  N  E
H  S  C  H  A  L  I  U  X  F  S  C  K  D  F
N  W  T  P  H  S  D  G  V  P  S  T  C  O  O
O  A  R  W  E  N  O  M  E  N  A  R  A  W  R
L  C  O  H  N  I  E  S  Y  N  L  E  H  D  M
O  H  N  O  I  T  K  A  E  R  K  W  M  L  T
G  T  N  ß  E  Z  W  E  I  M  A  L  P  E  E
I  E  A  Y  S  R  E  S  P  E  K  T  S  G  H
E  L  Q  ß  R  Ü  E  R  R  E  I  C  H  E  N
```

WERT
SEINE
REFORM
PRÄCHTIGEN
REAKTION
SCHAL
JEMAND
GÜRTEL
BUTTER
HAUPTSTADT

TECHNOLOGIE
ANEMONE
ZWEIMAL
KLASSE
PULVER
SEIN
GELD
RESPEKT
ERREICHEN
WACHTEL

Puzzle 34

```
B  E  I  C  H  T  E  N  E  G  E  L  F  P  H
S  S  O  C  W  S  V  Ü  N  K  Q  L  D  K  E
V  T  M  V  L  K  U  U  R  A  H  V  X  B  R
F  X  E  W  A  R  T  L  N  R  C  F  W  E  A
Ä  N  L  F  Q  F  H  A  M  E  I  S  E  G  U
H  E  B  I  A  O  C  P  Ä  K  L  B  Y  N  S
I  L  O  H  K  G  U  R  Ö  C  Z  I  E  A  I
G  L  R  W  H  P  S  O  R  U  T  A  T  D  Ü
E  E  P  R  E  X  E  Z  K  Z  Ü  D  R  I  W
V  T  H  B  T  Ü  B  E  W  A  N  Y  O  G  W
U  S  R  F  T  S  Ö  S  D  T  F  O  P  U  H
V  R  V  J  I  Q  U  S  L  K  Ö  F  X  N  L
C  O  N  G  R  A  T  U  L  A  T  E  E  G  E
E  V  J  D  D  F  O  R  M  A  T  B  S  E  Ö
```

PROBLEM

DRITTE

HERAUS

ZUCKER

NÜTZLICH

VERHAFTUNG

BEGNADIGUNG

PFLEGEN

BESUCH

PROZESS

EXPORT

FÄHIG

FORMAT

BEICHTE

WIRD

VORSTELLEN

KAFFEE

KOHL

CONGRATULATE

AMEISE

Puzzle 35

```
V  I  R  T  U  E  L  L  E  G  T  X  E  J  Ä
O  G  ß  B  Ä  A  Ö  M  I  R  F  U  Ü  H  K
E  I  N  H  E  I  T  T  O  L  I  P  A  Y  C
N  N  A  G  E  B  H  F  N  A  F  X  C  X  K
E  O  T  I  Y  C  M  O  E  M  L  E  G  A  N
G  T  H  T  I  O  D  H  D  L  Ö  L  M  Ü  I
N  W  F  S  K  B  A  R  I  Ü  E  J  E  ß  K
I  A  R  U  M  A  R  I  E  N  K  Ä  F  E  R
S  O  E  L  C  I  C  W  H  L  T  U  O  ß  K
V  Ö  U  A  T  N  Ä  Ö  C  E  L  L  U  Ö  H
N  U  E  T  O  Z  Ä  D  S  G  H  C  Ö  R  H
W  L  F  ß  V  T  Ä  L  T  N  E  X  B  G  R
S  T  J  W  T  K  I  D  N  A  H  U  U  N  K
Ö  L  Q  G  A  T  S  N  E  I  D  H  N  I  C
```

ANGELN	TON
BAR	VORSICHTIG
GRÖßE	MARIENKÄFER
KOMFORT	LUSTIG
HOF	PILOT
FEUER	ALLE
VIRTUELLE	ENTSCHEIDEN
DIENSTAG	BEGANN
HAND	NAGEL
EINHEIT	SINGEN

Puzzle 36

```
L  V  D  P  ß  S  M  Ä  E  J  T  F  K  Z  H
L  Ä  D  K  U  L  T  U  R  J  V  N  A  G  I
A  C  C  A  G  N  L  W  I  S  T  G  U  L  G
B  G  T  H  M  D  A  M  F  S  N  A  F  Ü  H
ß  N  E  D  E  P  Ä  S  H  U  E  C  E  C  L
U  U  C  I  R  R  F  Z  T  H  K  H  N  K  I
F  B  H  C  N  H  L  L  V  C  N  T  E  L  G
F  E  N  H  E  K  A  I  C  S  E  Z  H  I  H
N  G  I  T  K  H  Q  I  C  O  D  I  C  C  T
K  M  K  E  C  J  N  N  S  H  Q  G  S  H  B
S  U  B  C  O  M  P  A  C  T  L  M  I  S  T
Z  X  S  D  S  B  E  E  O  Q  F  Ü  M  T  Z
A  U  S  L  Ä  N  D  I  S  C  H  E  R  E  A
G  A  N  Z  E  F  E  Ö  X  Z  L  D  D  W  U
```

MISCHEN	HALTUNG
DENKEN	AUSLÄNDISCHER
GANZE	SCHUSS
UMGEBUNG	GLÜCKLICHSTE
DICHTE	TECHNIK
ALT	HIGHLIGHT
KULTUR	LÄCHERLICH
SUBCOMPACT	ACHTZIG
KAUFEN	FUßBALL
SOCKEN	DAMPF

Puzzle 37

```
V S A C H E N O I G E R K S K
H E Z S ß L A T P J Ö R R C U
V E R T S C L V K A Ü D Ä H N
Ü J K G A O P X A A C I H L D
P ß I L L A M I X A M G E A E
O L Ä A U E T I E R B E W U S
ß A P N S G I F Ü J ß ß L C C
E M E O G Q Ö C O C L W P H H
Y P Ü I S Ü O W H ß ß F O K L
G E C T N N A P S E G N A O I
P F L A N Z E N D Y N W ß C E
C G W N S A G T T G Ö Ä L H ß
P B E G L E I T E N V W S E E
Ü B E R P R Ü F E N O K C N N
```

KRÄHE	SAGT
SACHE	KUNDE
OPA	ÜBERPRÜFEN
MAXIMAL	NATIONAL
REGION	ANGESPANNT
PFLANZEN	SCHLAUCH
SCHLIEßEN	VERGLEICHEN
KAMEL	BEGLEITEN
BREITE	KOCHEN
LAMPE	PLAN

Puzzle 38

```
V Ü Z Ä Ä Y H F Z U G E B E N
E O Q T Ä H C I L T N E F F Ö
V P G X E T N A N I M O D T H
S R W E S O L R B X E M U Ä B
L E B H L Ö I Q P R L G S F B
X A Q I A S B W D A I B E P E
ß G U A Ü I C D Y D E R X N A
D A O C G V M H J I B U T T R
Ö U T L H P Z M E O E D Q R B
O X K E Ü B D S O U N E K E E
S E L T S A M S T E C R K F I
P O L I T I S C H E N H Ö F T
S R Ü T U E L E N D E N E E E
H Ä U V T B E R A T U N G N N
```

ELENDEN
ZUGEBEN
RADIO
TREFFEN
SELTSAMSTE
TITEL
ÖFFENTLICH
TÜR
VOGELSCHEUCHE
BRUDER

BÄUME
BEARBEITEN
POLITISCHEN
BERATUNG
TUT
LOSE
FLIEGEN
LAUCH
LIEBEN
DOMINANTE

Puzzle 39

```
W J H H I G G M I E Ä L H V T
K E V G U E R E S S E B F O V
M K Ö G F N Z I R Ö T Z R L M
O D P Q N W D N N I C M O U J
S N F A O L Ü E I D C H N M A
S E R V I C E D R K E H T E L
P T H O T N T N A T R K T N T
F N A G K Ü N U G N E L O E E
B A F I E Ä N F O E I A R R V
K F E K L M Ö E S D T V B R K
G E G O H Ä K G U U Ö I G A V
K L M X U ß Ä Q Ä T H E P T Z
V E F I B P B L Ö S D R P S Ä
K O N S T A N T S Ö W D Z L ß
```

STARRE	SERVICE
KÖNNTE	SOGAR
VOLUMEN	BROT
GEFAHR	ALTE
LEKTION	KLAVIER
KONSTANT	STUDENT
GEFUNDEN	FRONT
HUNDERT	RINDE
ELEFANTEN	GERICHTE
BESSERE	TIERE

Puzzle 40

```
I V H E I M A T S T A D T Ü Ü
H E H P G R D L V D E S I G N
R R C P Z U M N N K R Q V ß E
B W I Y K T M Ä Q W Y Y T D I
K A L V J S Y B O F U C E J R
F L D H D H B P Z P U L X J E
D T N E R H A F I K S ß T Ö L
M E U R T E D D Y T G M K K L
I N E D Ü K O L E I G Y J F E
M G R E V B Ä N N E I D U T S
A N F R A G E E A S G Z H T D
D G J W U T W U V A N G Ö D O
W I R E G I E R U N G X H H Z
Z U V E R L Ä S S I G E E L Ü
```

VERWALTEN   SELLERIE
FUß   SKIFAHREN
ERDE   REGIERUNG
EDELSTEN   TEXT
STURM   VAN
TEDDY   HEIMATSTADT
ZUVERLÄSSIGE   DESIGN
HÖHE   STUDIEN
FREUNDLICH   ANFRAGE
WENIG   NASE

Puzzle 41

```
K  F  E  S  W  E  N  I  G  E  R  I  R  G  G
H  U  T  U  C  F  K  V  Ä  K  ß  E  F  E  E
T  Q  T  L  A  H  T  N  E  F  U  A  K  S  S
Ö  P  D  B  J  D  Ä  G  K  T  Z  P  Y  C  C
ß  U  Z  M  A  Q  J  R  E  R  Ü  W  S  H  H
Z  I  A  S  H  D  S  Y  F  L  A  Z  F  I  O
K  L  U  G  Ä  F  F  R  E  E  L  W  G  C  B
M  A  N  A  G  E  R  T  K  P  R  I  E  H  E
W  Ö  Ö  M  Y  X  S  Y  C  M  U  E  B  T  N
P  M  I  R  B  I  K  M  A  E  ß  B  Ä  E  P
L  E  V  E  L  G  H  S  H  T  Y  E  U  S  K
R  W  A  R  N  U  N  G  C  S  Ö  L  D  ß  N
Ü  L  A  U  T  O  M  O  B  I  L  C  E  R  T
E  N  T  H  A  L  T  E  N  V  I  E  R  T  E
```

GEBÄUDE	LISTE
STEMPEL	ENTHALTEN
HUT	LEER
SCHÄRFER	LEVEL
GESCHOBEN	AUTOMOBIL
WENIGER	REIM
HACKE	WARNUNG
MANAGER	VIERTE
KLUG	ZWIEBEL
GESCHICHTE	AUFENTHALT

Puzzle 42

```
O  D  T  A  U  C  H  E  N  I  A  Q  U  I  ß
U  I  H  Ö  C  H  S  T  E  N  O  O  R  E  I
N  E  H  C  E  R  B  R  E  V  L  Z  K  R  F
Ü  J  J  N  B  Y  L  T  ß  ß  P  S  I  S  X
P  E  N  I  E  L  K  R  Ü  D  X  U  G  S  B
I  N  T  F  M  Y  Y  J  F  K  N  O  T  E  N
N  I  E  B  L  I  Ä  Ö  O  L  U  A  S  L  U
T  G  K  Ö  D  I  E  R  O  E  R  I  G  L  A
E  E  C  J  P  W  Q  T  T  T  G  H  N  E  Z
R  N  E  W  R  Ö  N  A  E  O  B  S  A  Z  ß
R  L  M  G  N  U  R  E  I  L  U  G  E  R  S
U  H  I  N  W  E  I  S  L  O  R  I  K  H  R
P  V  E  R  B  I  N  D  U  N  G  L  ß  Y  R
T  P  I  S  T  O  L  E  H  L  K  Y  Ü  Z  K
```

PISTOLE	ANGST
DIEJENIGEN	FÜßE
VERBRECHEN	HINWEIS
HÖCHSTEN	ZELLE
KNOTEN	SEHR
KLEINE	START
MIETE	TAUCHEN
ZAUN	INTERRUPT
VERBINDUNG	ECKE
BEIN	REGULIERUNG

Puzzle 43

```
R  G  S  U  N  T  E  R  H  A  L  T  E  N  J
U  Q  E  D  R  Ü  W  H  Ö  G  W  E  I  T  P
H  Y  N  L  Z  Ä  G  U  U  ß  ß  H  W  W  Q
T  X  I  S  R  E  F  P  Ü  H  S  A  R  G  H
S  J  O  ß  S  S  Ü  Ö  B  J  U  D  N  C  G
A  I  R  U  M  T  Z  Ü  ß  Y  H  V  S  K  ß
B  I  N  U  I  A  H  T  Ä  Ö  J  I  A  B  I
K  D  E  N  R  A  Ü  C  K  T  R  Ä  D  H  E
Ü  M  K  E  L  T  K  O  L  F  I  G  A  J  I
R  E  C  K  Ä  O  P  O  S  T  B  O  T  E  L
Z  N  I  Ü  S  Ä  S  B  Ä  Ö  H  N  K  Y  I
U  T  P  K  Ö  R  R  E  T  L  U  H  C  S  G
N  A  E  Ö  A  Z  Q  Ü  R  A  P  F  E  L  B
G  L  P  K  E  I  N  F  A  C  H  E  R  T  N
```

UNTERHALTEN
KÜKEN
ABKÜRZUNG
WÜRDE
UHR
SINNLOSER
APFEL
SENIOR
FRISCH
RUHT

WEIT
GRASHÜPFER
EILIG
GESUND
PICKEN
SCHULTER
STAAT
POSTBOTE
EINFACHER
MENTAL

Puzzle 44

```
K  R  A  F  T  Ö  P  E  V  A  C  U  A  T  E
R  I  C  H  T  E  R  A  O  W  M  W  N  ß  U
G  G  G  C  C  H  R  Q  S  G  X  Ö  Z  A  R
E  E  A  S  H  C  L  E  P  S  U  D  G  U  N
T  K  S  I  M  S  L  H  H  I  I  N  N  H  N
R  R  T  F  I  I  A  C  U  C  Ü  E  U  B  Ü
O  Ä  G  N  S  T  R  I  Z  N  S  R  R  P  B
F  U  E  E  C  I  E  E  N  T  D  E  H  E  D
F  S  B  T  H  R  B  R  E  I  B  I  A  M  N
E  E  E  N  U  K  Ü  L  A  M  S  L  F  L  O
N  L  R  I  N  O  P  H  N  I  Y  B  R  Z  M
B  T  D  T  G  D  U  A  U  R  T  A  E  R  V
M  U  S  E  U  M  O  Z  C  F  J  T  Q  L  A
W  E  S  E  N  T  L  I  C  H  A  E  Ä  Ü  N
```

PASSIEREN	BIER
WESENTLICH	GEKRÄUSELT
TINTENFISCH	GETROFFEN
KRAFT	ETABLIEREN
MUSEUM	SCHERE
ERFAHRUNG	UND
RICHTER	ZAHLREICHE
GASTGEBER	EVACUATE
ÜBERALL	KRITISCHE
MISCHUNG	ELCH

Puzzle 45

```
T M T ß L L K U P F E R C U B
U O B I L I E T R O V K Z T E
X D M O N Z W Z E B Y A N X O
F E S U L B Ä N E T S I E L B
N R X Ü E V I P I K Ö Ö N R A
N N W Q B M O C O Q P T O G C
A E E K A N I T S A P G I A H
T S J T K E O M A N A Z L T T
I H I J O G X B A Y N R L I E
O V W Ö V N B C K A K T I E N
N M O ß Y U B T W Y I X M R E
Ö Ä V G P J G Z L B T B W F D
F I L Z M A R K I E R U N G O
T A U S E N D F Ü ß L E R I B
```

VORTEIL   BEOBACHTEN
BODEN   ZWANZIG
LEISTEN   MILLIONEN
KUPFER   MODERNE
OMA   NATION
KNAPP   PASTINAKE
FREITAG   VOKABELN
JUNGEN   BLUSE
FILZMARKIERUNG   SOLL
TAUSENDFÜßLER   VITAMINE

Puzzle 46

```
I  G  D  Q  M  V  K  C  A  M  H  C  S  E  G
I  N  P  Z  T  Ü  ß  T  D  C  Ä  R  Ö  E  B
Z  O  V  U  B  Ä  T  K  I  L  F  N  O  K  A
U  I  I  E  J  R  G  E  E  T  I  M  O  K  L
F  T  R  R  S  P  T  K  A  K  U  Y  U  N  K
Ä  A  K  T  L  T  V  O  R  H  Ä  N  G  E  O
L  V  Ä  H  A  F  I  I  F  A  D  E  Y  T  N
L  I  V  E  H  Z  Y  T  Z  J  A  D  I  S  I
I  T  N  G  M  V  Z  V  I  M  E  N  T  I  O
G  O  W  Ü  L  P  Q  S  W  O  O  U  Ö  Z  X
E  M  G  E  W  O  N  N  E  N  N  T  P  I  P
F  L  E  X  I  B  L  E  H  U  P  S  Z  L  Ö
V  Ö  F  Ö  Y  F  E  Y  N  E  B  E  N  O  Ü
T  H  E  R  M  O  M  E  T  E  R  X  Y  P  Y
```

AKT	NEBEN
ÜBER	INVESTITION
BALKON	GEWONNEN
THERMOMETER	KOMITEE
TEICH	MOTIVATION
HALS	VORHÄNGE
ZUFÄLLIGE	GEHT
STUNDEN	KONFLIKT
POLIZISTEN	FLEXIBLE
TREU	GESCHMACK

Puzzle 47

```
E  P  P  U  S  B  L  F  I  N  N  L  T  K  H
L  H  Ä  Ü  X  N  E  T  A  D  B  W  I  L  E
L  V  E  X  Ö  Ö  O  M  J  U  N  T  F  I  L
I  H  V  S  ß  U  P  Ü  B  X  E  S  X  M  F
R  E  R  A  B  G  A  R  T  L  S  Ö  H  O  E
B  E  D  F  D  Ü  R  U  H  H  S  L  R  N  N
J  Ö  I  N  U  U  D  T  E  N  E  L  C  A  D
Y  W  E  F  J  D  A  K  V  Y  G  E  P  D  F
W  L  G  N  E  T  T  A  K  F  R  V  ß  E  R
E  R  E  I  H  P  A  R  G  O  E  G  P  Y  Ü
N  T  H  C  S  O  R  F  M  F  V  O  L  W  H
Ä  Ä  I  K  ß  D  A  N  T  R  I  E  B  O  C
N  E  N  O  I  T  A  M  R  O  F  N  I  L  X
L  W  C  W  J  P  L  R  E  I  Z  I  F  F  O
```

GEOGRAPHIE	SUPPE
EHE	FROSCH
DATEN	OFFIZIER
ANTRIEB	INFORMATIONEN
VERGESSEN	LÖST
FRÜH	LEOPARD
WOLF	FRAKTUR
LEICHTATHLETIK	LIMONADE
HELFEND	BRILLE
TRAGBARER	ELEND

Puzzle 48

```
B  C  F  J  O  Ö  A  U  S  P  I  N  N  E  Ä
Ä  B  R  R  E  D  N  U  E  R  F  N  A  K  O
U  Q  B  O  X  T  E  K  R  O  N  E  V  N  Q
F  A  L  S  C  H  Z  M  I  T  T  L  E  R  E
K  A  G  Z  ß  Ä  X  T  S  P  Ä  T  R  V  D
S  C  H  L  I  E  ß  L  I  C  H  V  E  I  N
S  V  W  M  Ä  P  M  V  L  E  O  L  W  E  E
Ä  I  M  K  G  M  O  Ö  W  Ü  J  G  H  L  B
A  L  E  V  L  R  A  L  D  Ü  Ö  T  C  L  E
W  ß  N  E  G  A  M  A  I  J  W  V  S  E  L
Ä  U  Ä  A  X  S  A  N  D  Z  S  E  H  I  Q
F  M  R  E  T  F  A  H  Z  R  E  M  H  C  S
Y  Q  T  M  B  E  R  I  C  H  T  I  Ä  H  J
Ö  A  V  H  H  B  L  A  T  T  Q  G  Q  T  L
```

BOX	KRONE
SPÄT	SCHMERZHAFT
LEBENDE	SPINNE
BERICHT	BLATT
SCHLIEßLICH	POLIZEI
SAND	FALSCH
VIELLEICHT	MAGEN
WURM	TRÄNE
MITTLERE	FREUNDE
JETZT	SCHWERE

Puzzle 49

```
N V O R S C H L A G E N X Ä R
E I D F A H R R A D Z E O R E
H Z C S E Q U E N Z A M E Ä S
E Ö M H Ä ß Z N B R D R M T S
I R T Y T ß R V U N H O L D O
Z R K X G S D U C E C B J L U
Z H A E F Y M R L T I Ä Ü I R
P L T Q N Ä ß Ö F R L V H M C
H U N F A N E M H A N T I M E
K G O D C C E T D F Ö V Q K T
N T K D R A D N A T S I F Z O
L A U F E N D E N Ö R Y Ö E J
B T E L E S K O P E E M R T O
E Y Z V M S T U H L P O Ö R K
```

KOJOTE
LEHRER
STUHL
TELESKOP
SEQUENZ
LOHN
RESSOURCE
MITNAHMEN
FAHRRAD
DIE

MEER
ARTEN
ZIEHEN
NICHTS
LAUFENDEN
STANDARD
KONTAKT
ERKENNEN
PERSÖNLICH
VORSCHLAGEN

Puzzle 50

```
E F J H W B L E I V A T S ß D
X L S E O A E T Ä U V I C Ö I
T U C R C U C T G I T Ö N E B
R T H S H M K O ß K L L C H O
E Ö L T E W Q R R X H W U C X
M F O E Y O A A R C D N N S A
L M S L Ü L C K I B T H Z I B
ß I S L B L Q L I E T R U P S
G C L U V E N C R Q H O M O T
H Ä E N G N H A H T U R T R E
W Y M G Ä D V U E A E R N T I
D R K M G Z F B I E N E S M G
H U S T A R K E R I H T G Q E
H Ü Ü D M E H R H E I T S B N
```

HERSTELLUNG	BAUMWOLLE
TROPISCHE	UNTER
ABSTEIGEN	STARKER
URTEIL	SCHLOSS
KAROTTE	MÄNNLICH
VIEL	ARKTIS
BIENE	BENÖTIGT
EXTREM	TRUTHAHN
TERROR	MEHRHEIT
FLUT	WOCHE

Puzzle 51

```
S O N N E N B L U M E N A A S
K Ö A R Z N M F G L Ä P T N C
H ß K Y O E P P I L Q H F S H
Q B I X G T I ß F ß T Q I T R
U O R Ä X R L G L E R L T R I
M C R F L A A H E I I E S E T
T Q U E S G E C I N W G R N T
P I H L O Q A W Z N D E E G O
S N I L T H P O Ü A N R I U O
L R H C I P P E T D A Ä D N B
U D ß M K E N I E B L H A G V
Z U F V S Y B N C X Q I R W Q
R Q N Z O T I E H R E D N I M
Q R D E M H A N S U A G Ü A M
```

REGEL
ANSTRENGUNG
LANDWIRT
ZEIGEN
SCHRITT
MOSKITOS
LIEBE
LIPPE
ZIEL
SONNENBLUMEN-

BEINE
BOOT
TEPPICH
HURRIKAN
FEIGE
AUSNAHME
DANN
GARTEN
MINDERHEIT
RADIERSTIFT

Puzzle 52

```
T  N  S  B  R  A  C  H  W  T  M  F  O  T  ß
N  E  L  H  E  F  P  M  E  F  A  I  O  B  S
T  T  B  V  L  T  N  T  H  A  L  K  Ü  Z  M
V  S  N  ß  L  J  I  W  C  H  E  T  O  L  A
Ü  R  X  Z  O  E  Ö  U  Ü  C  R  I  Q  U  G
C  Ü  K  B  R  F  A  B  K  S  E  O  C  C  E
V  W  Ö  B  T  K  D  K  D  T  I  N  H  H  G
Q  A  R  W  N  E  H  C  E  R  P  S  N  S  E
O  E  R  D  O  Y  X  H  C  I  L  D  R  Ö  N
V  B  S  I  K  A  J  G  B  W  W  ß  E  R  S
L  W  ß  N  A  A  U  T  O  R  H  Ü  D  M  A
Q  P  K  J  W  B  Ä  N  D  E  R  U  N  G  T
G  L  E  I  C  H  L  E  S  S  E  K  Ä  S  Z
L  G  F  O  C  L  Y  E  F  F  I  R  G  E  B
```

GLEICH	LUCHS
FIKTION	VERBREITET
KONTROLLE	GEGENSATZ
WIRTSCHAFT	ÄNDERUNG
KESSEL	EMPFEHLEN
BRACH	NÖRDLICH
VARIABLE	MALEREI
WÜRSTEN	AUTOR
BEGRIFFE	SPRECHEN
ÄNDERN	KÜCHE

Puzzle 53

```
P N I G I N Ö K M E R N X L Z
N R R E I S E H O I C B Ä A A
I E O E M T Ä T N R B H T M W
E T I F F V Ö I T O L T T M K
D I U Q E E Z E A G Q R E E P
E E V D ß S L K G E E E ß Z N
R W V H E U S G E T L F H N E
S R E R H Ü F I U A N E G A L
C E S Ü D E N H O K R I F L H
H Z Ö G E R N Ä G N N L E G E
L M Ä A K Q A F L K E N C X T
A S C H W I M M E N H L G W S
G W O Ä R X G F Ö C J D L R Ü
X K ß L N E M A S N I E M E G
```

GENAU
LAMM
SCHNELL
REISE
LIEFERT
KATEGORIE
GLANZ
NIEDERSCHLAG
ECHTEN
PROFESSIONELLE

STEHLEN
SCHWIMMEN
FÄHIGKEIT
MONTAGE
SÜDEN
ERWEITERN
KÖNIGIN
FÜHRER
GEMEINSAMEN
ZÖGERN

Puzzle 54

```
A F A N W S D K O E B ß L X V
V B V K B V Ü A E V U X Ö R B
E D S Z H W R N O Q S Y F E S
R O K O A D R N Ö Ä V R F G O
S P A S R L E T R E I V E I K
C P N T S B H E G E I Z L M Ö
H E D I C D I N Q A ß Ä B M N
I L I C H E Y E M H A N B A I
E T D H M U Z B R H X S Z L G
D E A E U T I E A T U R P H B
E O T L T L M G R A S U A C Y
N F Ü N Z I T R M C R J P S ß
E N G D I C R E H C E B ß Ö ß
N D Ü K G H Q V A V R D N K W
```

BUS
KANDIDAT
SCHLAMMIGER
LÖFFEL
ABSORBIERT
KÖNIG
KANNTEN
MAUS
DEUTLICH
ZIMT

DÜRRE
ZIEGE
DOPPELTE
STICHELN
VERSCHIEDENEN
ABNAHME
BECHER
SCHMUTZIG
VIERTEL
VERGEBEN

Puzzle 55

```
S F E Y T N E L A T K E G V L
T Ü A R O T I N O M ß N ß E Z
O N R M X D R F N A I E M R H
P F E N O W O I K L ß H Ö B Ö
P L ß K M E E X R B N Ö Q E H
E E O I V ß H E E C E H K S L
N R L P F Ö T G B H Z R Ä S E
K A B S U T Ü G L F T E G E V
O H K R E ß U A I W E L Ä R K
U E O M B O T L S H S B H N U
V R H E W G I F Z Y K L U S P
E C D E M O K R A T I S C H E
S E R I N N E R T Ü B M R P Q
B L U M E N K O H L Ö S P Y W
```

HÖHLE
TALENT
FÜNF
STOPPEN
VERBESSERN
ZYKLUS
BLOßER
AUßER
ERHÖHEN
SCHMETTERLING

KROKODIL
BERG
BLUMENKOHL
FLAGGE
DEMOKRATISCHE
ERINNERT
SILBER
SETZEN
THEORIE
MONITOR

Puzzle 56

```
N  M  K  I  H  N  E  T  I  E  R  B  N  Y  O
I  U  O  G  N  U  L  D  N  A  H  E  B  L  G
L  A  M  I  Z  E  D  H  T  R  O  D  O  P  R
P  J  P  M  M  D  C  F  E  N  N  S  A  Z  I
F  O  A  Y  U  I  L  Y  R  T  E  Ä  U  P  F
E  H  K  Z  T  U  ß  S  E  N  N  E  Ö  G  F
R  M  T  T  G  J  E  ß  S  ß  N  N  G  F  B
D  ß  E  Z  A  Z  B  D  S  J  E  L  Ü  R  E
R  R  E  Q  E  S  L  L  A  F  R  E  Z  Ö  R
Z  U  N  ß  I  K  U  U  N  V  Ä  Z  X  H  E
G  E  S  C  H  E  N  K  T  Ö  I  N  K  L  I
S  T  A  T  T  B  C  O  ß  Ä  Ü  I  Y  I  T
J  Ö  O  L  N  E  N  H  C  E  R  E  B  C  T
U  T  L  M  R  Y  T  R  A  I  N  E  R  H  R
```

TRAINER	NILPFERD
BEREIT	EINZELNE
DORT	BEHANDLUNG
FRÖHLICH	STATT
FLUGZEUG	KOMPAKT
INTERESSANT	RETTICH
SOLO	ZERFALL
GESCHENK	GRIFF
DEZIMAL	BERECHNEN
NENNER	BREITEN

Puzzle 57

```
ß  G  V  T  E  S  A  L  G  W  N  Y  P  E  S
W  F  S  Y  J  C  U  Ö  H  I  J  M  R  N  T
V  E  ß  Z  S  H  N  H  B  O  T  Ö  I  T  R
R  Z  D  R  N  R  E  G  R  Ä  L  Y  V  W  A
W  Q  E  P  O  I  T  Z  D  Ö  A  D  I  I  N
U  H  Z  D  L  F  K  J  F  U  W  X  L  C  D
E  K  I  G  L  T  G  E  G  N  E  R  E  K  Z
P  S  T  L  A  S  O  J  A  Ä  G  ß  G  E  G
L  I  R  F  B  T  T  R  S  B  T  C  D  L  X
U  F  O  Ä  Ä  E  L  L  E  U  T  K  A  N  P
T  E  N  E  L  L  E  I  Z  R  E  M  M  O  K
P  V  E  T  F  L  W  A  O  E  B  G  Q  Q  T
J  Q  E  Ü  N  E  G  L  O  F  R  E  V  C  S
K  S  Q  M  J  R  M  G  E  M  O  C  H  T  Y
```

WELT	SCHRIFTSTELLER
ENTWICKELN	GEGNER
BALLONS	ROT
ÄRGERN	STRAND
AKTUELLE	GEMOCHT
EHER	PRIVILEG
ZITRONE	REST
BETT	KOMMERZIELLE
TULPE	GLAS
GEWALT	VERFOLGEN

Puzzle 58

```
ß  S  S  Ä  Y  A  U  M  B  L  O  C  K  B  J
H  Z  L  O  G  E  I  R  K  Ö  H  T  H  E  I
P  Q  E  P  N  E  N  E  I  D  Z  R  D  S  I
D  ß  I  Ö  U  N  W  I  N  D  B  E  T  C  N
ß  Y  S  S  D  N  E  L  O  E  A  I  L  H  Ä
Ö  E  T  P  I  Ä  S  N  T  J  E  Z  E  E  I
H  H  U  R  E  B  A  F  B  Z  N  I  Z  I  D
A  C  N  U  H  K  H  O  L  R  O  F  G  D  I
N  S  G  N  C  L  P  H  G  C  I  I  O  E  R
D  I  I  G  S  Q  A  A  B  Q  M  L  Ä  N  E
T  P  K  N  T  M  M  U  D  M  Y  A  L  Q  K
U  Y  Z  R  N  V  G  Ö  V  Y  D  U  Y  E  T
C  T  N  R  E  F  T  N  E  S  N  Q  R  W  O
H  H  G  I  V  D  C  U  Y  X  E  O  T  M  R
```

ENDYMION
PHASE
WIND
DUMM
QUALIFIZIERT
SONNENBRILLE
DIREKTOR
KRIEG
TYPISCHE
SINN

DIENEN
BESCHEIDEN
ZELT
SPRUNG
ENTFERNT
HANDTUCH
BLOCK
MAHLZEIT
LEISTUNG
ENTSCHEIDUNG

Puzzle 59

```
J H I A G A L H C S I M Ü T V
H V E D N E Ü Ä H M M H Z H E
V C L C U H W Y C U F E R D R
Y I P C G B U I O N L Q Ü E H
J F V N I G N L N E Z T U N I
Ä M C Ü E J X U H N C Y V E N
B E E I N D R U C K E N O H D
W P C L U O Ö A I W N P R C E
T S A F Z A A Q L E S E F A R
G B A U M E L T G D J Ö A R N
E L E K N U D W Ö W X M L D G
I Y Ü W U I T T M Ü B K L L V
L Z C C Y S C H A U K E L Y E
F A J I K P E T E R S I L I E
```

ENDE	ZUNEIGUNG
ESEL	SCHLAG
DUNKEL	VORFALL
IHRE	NOCH
GLÜCK	PETERSILIE
GEWINN	FLIEGT
BAUMELT	BEEINDRUCKEN
DRACHEN	FAST
VERHINDERN	NUTZEN
MÖGLICH	SCHAUKEL

Puzzle 60

```
F  R  P  U  N  K  T  Z  A  H  L  Y  X  S  O
Q  M  T  K  L  Ö  W  E  B  B  R  K  R  P  P
V  N  ß  Y  O  H  A  G  E  L  V  E  A  E  E
Ö  A  R  W  Z  M  ß  E  E  T  N  A  B  I  R
K  L  Ä  R  E  N  P  O  H  N  T  P  G  C  I
I  P  S  O  R  G  E  L  E  Ö  P  O  Ü  H  E
N  T  ß  Y  X  A  P  N  E  W  R  S  F  E  R
H  I  C  A  Z  X  N  Z  D  X  Ä  I  R  R  E
A  E  G  M  M  A  R  G  O  R  P  T  E  N  N
L  Z  S  V  P  Y  U  F  Ü  I  L  I  V  X  P
T  I  Q  S  M  I  S  S  I  O  N  O  L  A  Ü
N  ß  T  H  Ä  U  F  I  G  E  M  N  P  W  Ö
T  N  Ü  B  E  R  Z  E  U  G  E  N  N  R  K
E  R  E  I  R  R  A  K  G  I  E  ß  E  N  Ü
```

INHALT	KOMPLEX
ZEITPLAN	VERFÜGBAR
ENTSPANNEN	ÜBERZEUGEN
SPEICHERN	GIEßEN
HAGEL	HÄUFIGEM
KLÄREN	MISSION
BEWÖLKT	RENNEN
PUNKTZAHL	SORGE
OPERIEREN	POSITION
KARRIERE	PROGRAMM

Puzzle 61

```
I  P  S  A  I  S  O  N  G  N  G  S  Ä  F  J
ß  R  B  H  N  M  M  H  V  A  E  N  E  Z  S
S  O  U  S  S  E  R  L  S  C  S  L  T  Ö  Ö
Ä  D  E  E  T  T  O  I  L  H  C  N  L  P  K
M  U  J  T  I  H  S  N  A  M  H  ß  ß  A  R
K  Z  G  H  E  N  S  K  D  I  E  Ö  D  C  H
R  I  N  C  R  E  E  S  E  T  N  N  J  G  E
E  E  U  A  E  T  F  N  N  T  K  D  S  E  K
I  R  D  R  B  E  O  G  ß  A  E  T  A  T  K
D  E  A  B  F  R  R  Q  W  G  E  F  C  E  C
E  N  L  R  Q  T  P  E  H  T  D  E  H  H  Ü
N  F  N  E  G  I  D  L  U  H  C  S  E  B  R
K  D  I  V  R  E  T  L  P  P  Y  C  N  I  I
G  O  E  L  D  B  B  M  O  M  E  N  T  E  X
```

SAISON

KREIDEN

PRODUZIEREN

SACHEN

EINLADUNG

NACHMITTAG

LINKS

HALLE

BESCHULDIGEN

BLUTET

RÜCKKEHR

LADEN

EINE

GESCHENKE

SZENE

PROFESSOR

MOMENT

VERBRACHTE

BEREITS

BEITRETEN

Puzzle 62

```
T R O P F E N D B I J F Z A M
N E G I T H C I S B A E B U A
S R T V A Y W U M V M H B S T
I T F L K A P I T E L L X D E
T W L S A F T Z F O K E Y R R
U O Ü S Ü ß L P Z ß Ü R H Ü I
A C S L L N O B E S X H R C E
T E S Y L A N A S P R E P K I
I T I B B U J U W I D I E L K
O R G ß C A C E A E C S B I D
N E K Q G V B N J ß W H I C U
T P E B A U E R N H O F S H J
G X I T R I N K E N F Ä S E O
A E T O R G A N I S I E R E N
```

SITUATION
AUSDRÜCKLICHE
FEHLER
KAPITEL
JEDER
ORGANISIEREN
SAFT
BAUERNHOF
HALLO
BEABSICHTIGEN

TRINKEN
EXPERTE
KLEID
BISS
TROPFEN
MATERIE
FLÜSSIGKEIT
ANALYSE
SICH
BAUEN

Puzzle 63

```
M  D  M  A  C  H  E  N  N  F  I  S  C  H  ß
P  P  I  C  O  N  C  E  I  V  E  Q  B  A  W
I  A  J  P  V  E  R  H  A  N  D  E  L  N  ß
M  P  X  N  L  E  T  T  Ü  H  C  S  O  F  T
N  I  W  C  Q  O  D  I  E  S  E  R  Z  D  H
D  E  B  A  R  D  M  S  A  L  Z  A  C  Y  N
G  R  K  Q  Z  H  C  I  L  H  C  S  N  E  M
E  Ü  ß  C  I  M  M  E  R  ß  C  E  Q  Ä  V
I  S  Ä  M  O  Ü  C  C  Ä  C  O  N  X  F  F
O  D  F  Ö  O  R  N  E  I  G  U  N  G  Ö  V
J  A  O  Z  I  P  T  W  A  H  R  H  E  I  T
U  N  T  E  R  S  U  C  H  U  N  G  I  ß  Ä
S  C  T  ß  Q  K  I  N  T  E  R  V  I  E  W
K  Q  I  B  A  Ö  D  Ä  F  Q  H  Q  P  V  U
```

MACHEN	SCHÜTTELN
UNTERSUCHUNG	PAPIER
SALZ	VERHANDELN
MENSCHLICH	RABE
WEG	DIPLOM
RASEN	IMMER
INTERVIEW	FISCH
CONCEIVE	TROCKEN
NEIGUNG	WAHRHEIT
DIESE	SOFT

Puzzle 64

```
S  ß  I  V  U  X  W  I  W  B  Ü  ß  A  S  F
B  B  T  L  N  E  B  A  H  T  O  V  B  V  Ä
H  E  G  D  Ä  O  P  M  E  T  W  D  E  E  H
A  V  W  O  B  A  T  L  Ö  W  E  O  N  R  I
U  I  C  E  T  L  M  E  ß  I  E  H  T  R  G
S  T  L  Z  G  X  M  W  B  D  T  O  E  Ü  E
E  A  L  J  O  E  N  L  S  O  Q  V  U  C  T
O  N  F  J  D  E  N  A  H  U  O  T  E  K  O
N  R  E  T  S  E  G  K  G  K  C  K  R  T  M
N  E  H  C  T  Ö  R  B  R  A  P  S  L  D  A
R  T  H  C  I  B  A  H  B  R  S  Ü  I  O  T
X  L  I  B  A  T  S  N  I  G  Q  Ü  C  R  E
E  A  C  P  L  V  D  U  U  I  E  S  H  F  N
A  U  S  G  E  S  T  O  R  B  E  N  W  K  E
```

GAS	HABICHT
HEIßE	BEWEGEN
HABEN	HAUSE
SPARBRÖTCHEN	VERRÜCKT
TOMATEN	ABENTEUERLICH
AUSGESTORBEN	ALTERNATIVE
LÖWE	DORF
TEMPO	FÄHIGE
INSTABIL	SAß
NOTEBOOK	GESTERN

Puzzle 65

```
S Q A E G C Ü E W F M Z L E Y
B D Q Z Q E B R A F F T R R V
L R Z T V K F ß Ä E E U A L O
K M Ö L V U E Ä B Q T Q B A R
G E F A L L E N H A T A H U F
W G W F F I S W R R A W C B A
S I I L I N M A I E L Y A N H
X T N E Y T P H G H P I N I R
Ö L T I T E Q A F U Ü C S E
Z Ü E V R I R S K N ß R Q H N
Ä G R M O F K R Ä N K E N Z E
U D N U W S C H N E E B A L L
U N E I N F A C H W R A T E Ä
H E T V P O L I T I S C H Ü Ü
```

GEFALLEN	WINTER
POLITISCH	WENN
KRÄNKEN	EINFACH
SCHNEEBALL	FRAGE
NACHBAR	RATE
FARBE	VIELFALT
WORT	ERLAUBNIS
VORFAHREN	WUND
GEFÄHRLICHE	REPARATUR
ENDGÜLTIGE	PLATTE

Puzzle 66

```
N L E K N U F G H Z T M B Ä E
E E R F O L G L Q O L N E U L
R X J Z A V Q Ü R L W ß S M L
E T T N W X J C E L S R C K I
I H N E T S O K G J Q I H O P
T F I R R S O L I I M Ö E M T
N D N E T N E I T O U Q I M I
E C G F Y Ö E C H M R K D E S
M Z G N N L E H C I E C E N C
U K X O S F ß P I T H E N Z H
G I Y K J A T U R H H V E U E
R G X P G Y G J T C H E N K N
A G ß B T ß I E M E L B O R P
A J Q Y V I N E N R E F T N E
```

FUNKELN   ARGUMENTIEREN
GLÜCKLICH   WEIDE
UMKOMMEN   QUOTIENTEN
KOSTEN   RICHTIGER
ENTFERNEN   ELLIPTISCHEN
SAGEN   EXTERNE
PROBLEME   KONFERENZ
HERUM   ZOLL
BESCHEIDENEN   ERFOLG
EICHELN   RECHT

Puzzle 67

```
K R A W A T T E J K T M Z T S
Ü I Y D L I B Ä E D U I V N C
Ä C M Z A E T I D Q C R E Ä H
J R A R I Z H U O B R H V S W
M K Ä Z R R M H C C C R G E E
M O T T E E N Ö H U N K T I R
A Ä O I T D Ä X S P F O N C T
P N O U A A N E R E H C I S G
Q I L D M J B L F O Ä V K A M
A B F A L L O A F L I P P E R
P A T I E N T S B U P D A T E
P O M P F Ä R S S C H U L E B
S R U W B H H E G E B U R T G
S O Ü L J J G N U Z T Ä H C S
```

SICHERE
BESUCHEN
MOTTE
DERZEIT
SCHÄTZUNG
BILD
KAM
ABFALL
JEDOCH
UPDATE

PATIENT
IHRE
KURVE
KRAWATTE
SCHULE
GEBURT
MATERIAL
FLIPPER
LASSEN
SCHWERT

Puzzle 68

```
O  Ö  Y  E  W  S  U  A  H  Y  H  Q  W  A  W
X  Ü  E  C  N  Ü  C  W  L  T  C  I  Ä  L  Ü
W  E  I  L  N  F  ß  H  L  K  U  D  S  L  N
E  E  D  U  E  E  W  B  A  G  S  U  C  G  M
R  N  J  O  B  T  R  X  F  F  R  H  H  E  H
W  H  I  V  E  E  O  E  Q  Ü  E  S  E  M  I
A  C  T  X  G  S  T  R  I  Ü  V  A  H  E  E
C  S  T  Y  T  Y  K  W  D  T  Ä  G  Ü  I  R
H  G  N  H  E  K  A  S  O  R  P  T  R  N  K
S  O  Ö  V  F  I  F  ß  B  X  T  E  S  E  N
E  U  O  Ü  F  E  N  H  S  S  L  K  Z  S  I
N  V  Ä  F  S  G  N  I  L  B  E  I  L  K  E
E  ß  W  Q  L  X  E  Ö  G  D  X  U  Y  O  A
A  B  Z  E  I  C  H  E  N  E  B  V  L  I  N
```

EINIGE	WEIL
ABZEICHEN	NIE
JOB	SCHNEE
HAUS	LIEBLINGS
SAGTE	HIER
FALL	AKZEPTIEREN
ROSA	ERWACHSENE
SCHAFE	ALLGEMEINES
GAB	FAKTOR
VERSUCH	WÄSCHE

Puzzle 69

```
G Ü N S T I G O T U ß B J T G
K H T G M M C I R X F U A A E
P Ö R S B I E K C A J K H B T
E V E A E Z Ü J N S N X R E R
R H I Ä H X L E G U A G E L O
M H L C Ä Ü T I N T I S E L C
U L O C N E K N E D H I T E K
M H S E I W A L E M Ä M M N N
J P I B ß H ß J H G K G M E E
J U B I L Ä U M R T A Ä I G T
P Ö Q M O H Z F G O R P T Ö E
M Ö O Ö R O Ö B E O T B S G N
S T A M M H J F I N E H E S Ü
W D P Y Z E D I Z ß Y T B B N
```

ISOLIERT	AUF
SEHEN	BIETEN
TABELLE	BESTIMMTE
EHRGEIZ	GETROCKNETEN
DENKEN	KARTE
HOCHZEIT	GÜNSTIG
AUGE	STAMM
WAL	ORANGE
JACKE	HOHE
JAHRE	JUBILÄUM

Puzzle 70

```
N E G O Z E G P L A N E T E N
Ü N V Q M Q R E P R Ö K O K E
T E L A P Ö A G Ä T K C ß C B
T H Ö H E N U H T L R B Q Ö U
S C N R E H Ä N E Z R E K L A
H L D P T H C I W E G Q F B L
C H L W U S D A H X V F O Y R
Ä E P Ö M U L W M X D Z D M E
W K T X N L G E R U C H W H L
T T J G E G Q Z E Ä F X R H K
P O I T B B K N B L E I B E N
B R N I O H G S V W B D J E J
T A Ü F P O K W V T W A H Y X
M M U S I K A L I S C H E R Y
```

KÖRPER	KERZE
KLEIDUNG	GRAU
NÄHERN	FIT
WELPEN	GERUCH
ERLAUBEN	PLANETEN
GEWICHT	KOPF
MANTEL	WÄCHST
BLÖCKE	MUSIKALISCHER
BLEIBEN	OBEN
GEZOGEN	ROTKEHLCHEN

Puzzle 71

```
H A M B U R G E R F E I K B X
N ß S H E Z I N Ü H E R S T E
E C Ü A D G I F C M G Y C E Z
N I R X V E C I ß V M A Y S E
N C Q B L Q L E W X I M D B L
E J B L K N V L A G T K D C E
N U A T Ö U S L N A T Ü K B K
Q Z Ü S I E T A Ü T L K Ä D T
L O R Ü B N H F E J E V K V R
L E W K Y R C T K H R Ä ß S I
P O H S O T E O U X E V S G S
Z W T V P T R N L R R ß D C C
A N Z A H L P U L L O V E R H
L E I T E R S T I L L E I X E
```

ALLEIN
HAMBURGER
SET
TAG
TAU
SHOP
PERSÖNLICHE
ANZAHL
VORHANG
NEUN

LEITER
NOTFALL
STILLE
RECHTS
MITTLERER
BÜRO
NENNEN
PULLOVER
ERSTE
ELEKTRISCHE

Puzzle 72

```
G T D Y K N E H E R D Ö H W H
U E X E O H S N E S I R K V I
P I H I H A U H T Z W E C K N
X Z T E Ü Z C F T Q Ü Z Ö X T
D K T J I I U K A U U X X C E
A Y S C L M L Y H H O B B Y R
ß Q Y N E D N E M M O K B A P
B D H T I H C I L Z T Ö L P U
E Ä N X P T K E S H C E D I E
T A L A S Y A N Ü S B Y I A ß
R Ü G ß U X T T Y S E B J Ü R
I K ß B Ä A Z U W D Ä Ä P D M
E C N A H C E G E G A N G E N
B U N T E R S T Ü T Z E N Ö V
```

SPIEL	HATTE
DREHEN	UNTERSTÜTZEN
PLÖTZLICH	CHANCE
KRISE	HOBBY
GEHEIMNISSE	ÄHNLICHER
GEGANGEN	BETRIEB
AKTION	KATZE
KOMMENDE	EIDECHSE
SALAT	HINTER
ZAHN	ZWECK

Puzzle 73

```
V Ä Z P U W Y T S Ü E S T V G
E I M U M G A H U F I C I E E
D R M G L Ö J R P A C H E N B
O T F M S L A M E J H R F E U
I F P O H X U G A N H E E K R
R M U Y R R Ö V Q K Ö I M T T
E Ä R E T S N O M I R B O A S
P N E S S E C T J Q N T T R T
E N Ü E S R M H G C C I I S A
U E E R R E G T E U H S O T G
ß R V Ö W G Y Y I N E C N A ß
W O C H E N E N D E N H A D E
Q F E X O U O Y A U K Q L T F
W S X U S J K L O P F E N G W
```

KLOPFEN
NEKTAR
JUNGER
JEMALS
MÄNNER
TIEF
ESSEN
STRUMPF
GEBURTSTAG
MONSTER

WOCHENENDE
SCHREIBTISCH
EICHHÖRNCHEN
WAREN
ERFORSCHEN
STADT
PERIODE
MUMIE
EMOTIONAL
ERREGT

Puzzle 74

```
F  K  R  L  T  U  B  Ä  B  Ä  I  D  N  O  Q
L  R  E  R  O  Z  M  ß  P  L  E  E  D  E  J
A  Ü  G  A  B  ß  N  E  D  I  Z  F  V  D  ß
S  L  I  B  E  L  L  E  L  T  A  T  T  N  V
C  W  R  T  G  U  T  E  E  M  U  A  I  U  K
H  K  D  H  N  M  B  S  C  R  T  T  E  K  G
E  Ä  E  C  A  T  T  X  X  S  Ä  Q  Z  E  O
T  T  I  I  F  R  D  B  Ä  R  F  M  W  S  G
T  Z  N  S  O  X  T  C  E  I  N  S  A  T  Z
A  C     F  Q  R  H  C  O  W  T  T  I  M  Ä
D  H  G  A  W  L  V  E  R  L  E  I  H  E  N
U  E  B  A  I  K  O  N  Z  E  N  T  R  A  T
U  N  F  C  M  O  R  A  L  I  S  C  H  E  N
S  C  H  R  A  N  K  T  R  A  U  M  I  W  A
```

SCHRANK   FORTSETZEN
TRAUM   LIBELLE
LIED   GUTE
MORALISCHEN   VERLEIHEN
EINSATZ   KONZENTRAT
NIEDRIGER   JEDE
ZEIT   TATSÄCHLICH
FLASCHE   ANGEBOT
SEKUNDE   MITTWOCH
KÄTZCHEN   SICHTBAR

Puzzle 75

```
D B N E M M A S U Z N U M Ü M
T R E D N A W Q E E B N F H D
W E R K Z E U G G K E V I M U
R L E I U P O A A C W O G E R
Q U I S R Y R L J O E R E D C
V Ä G U Z T P A W S R S S I H
Z S A M E S W N Y E T I U U F
W E E G E T K D H ß U C N M Ü
X Ä R Z Ö B R T Z N H D U H
F P J U M F A N G O G T H Q R
R U N D E D R G J J C I E Ö E
C X S Y B J E W F P U G I X N
U Y O X P B P Ä A U L V T B N
F L E G O V N E I R A N A K E
```

LAND
SÄULE
UNVORSICHTIG
WERKZEUG
BEWERTUNG
UMFANG
RUNDE
AUFGABE
SOCKE
IHM

ZUSAMMEN
GESUNDHEIT
PRO
GETRAGEN
REAGIEREN
DURCHFÜHREN
MEDIUM
WANDERT
KANARIENVOGEL
MUSIK

Puzzle 76

```
A  K  ß  W  M  N  E  U  G  I  E  R  I  G  Q
T  X  M  K  M  I  M  E  T  H  O  D  E  Q  R
N  Z  Ü  H  I  Z  T  A  S  B  A  K  B  F  A
E  X  Y  A  T  D  P  A  M  ß  O  B  D  C  K
T  M  K  H  G  P  P  H  R  J  T  Y  V  E  Ü
L  A  C  ß  L  O  O  B  M  B  N  A  T  O  M
A  O  O  D  I  L  T  O  V  N  E  S  I  E  N
H  G  R  R  E  I  S  Ä  S  I  N  I  E  F  U
N  J  O  Ü  D  T  E  V  E  E  N  R  T  D  C
I  W  X  C  Z  I  G  E  T  W  I  K  H  E  M
E  Q  Ü  K  X  K  F  R  S  H  W  E  C  C  R
B  ß  M  T  C  ß  A  B  Ü  C  E  Ö  O  S  H
F  A  M  I  L  I  E  N  W  S  G  M  P  H  Y
W  A  H  R  S  C  H  E  I  N  L  I  C  H  T
```

ART	DRÜCKT
GEWINNEN	POLITIK
MITARBEITER	MITGLIED
POCHTE	BEINHALTEN
WÜSTE	ABSATZ
ATOM	EISEN
WAHRSCHEINLICH	HOCH
FAMILIEN	ROCK
NEUGIERIG	SCHWEIN
METHODE	GESTOPPT

Puzzle 77

```
M U S K A T N U S S S M R Ä L
B E S C H R E I B E N A T E Z
C Z Ö Z Z Q X Y T U O C Ü S O
Ö N Ä I E I L E S S Ü H C S J
G Ü Y ß S B T Ä X G C T G X O
J M O A S K X A Ä W M U D L D
J R T Ö E C S H T R S R R C Z
G J T R R E B U A S F U Ä N U
G I L E K C A W B U O G A E M
I N S T I T U T I O N N E L A
Ü V U A P T E K O G I Ä Q O R
Ö W Ö E G I T U M F T K L H M
A Ä M H C A F R H E M W Y D T
L P J T O R S E N D E N B Q E
```

GROßE
KRESSE
MEHRFACH
BESCHREIBEN
FINANZ
SAUBER
MÜNZE
UMARMTE
WACKELIG
SCHÜSSEL

MUSKATNUSS
MUTIGE
SENDEN
THEATER
HOLEN
MACHT
ZITAT
INSTITUTION
KÄNGURU
LÄRM

Puzzle 78

```
V  Ü  T  R  O  F  G  Z  H  K  Y  D  L  T  W
N  E  G  E  G  O  U  F  U  N  N  K  O  M  A
R  N  R  Z  A  H  W  H  R  E  I  V  K  G  R
E  N  H  T  K  M  B  O  R  L  E  T  A  B  U
N  E  I  O  E  L  S  H  I  H  W  S  L  K  M
N  H  P  B  H  I  Ä  H  H  Ä  Ö  S  E  A  Ü
I  ß  D  I  T  W  D  G  O  Z  M  C  N  R  R
R  N  P  X  O  M  X  I  Z  Y  Ä  H  E  T  A
E  Y  P  Ä  I  Ä  I  T  G  F  V  E  H  O  N
E  ß  R  K  L  O  Ü  H  B  E  ß  I  C  F  D
J  J  Y  S  B  H  I  C  R  Y  N  N  S  F  E
E  V  O  N  I  Z  W  I  P  R  L  T  N  E  R
U  H  U  Z  B  B  G  W  Y  S  C  U  E  L  E
T  E  I  L  N  E  H  M  E  N  ß  R  M  ß  X
```

SCHEINT   IHR
KARTOFFEL   BIBLIOTHEK
WEIN   TEAM
HENNE   WARUM
ORT   MENSCHEN
VIER   WICHTIG
WÄHREND   VERTEIDIGEN
TEILNEHMEN   ZÄHLEN
LOKALEN   ERINNERN
ANDERE   GEGEN

Puzzle 79

```
E  Ü  ß  E  G  G  R  A  B  E  N  Ö  ß  V  K
C  N  Y  I  T  I  E  H  I  E  R  F  H  A  W
Z  A  F  G  R  N  E  Z  T  Ü  H  C  S  H  E
N  Ä  S  E  A  Q  H  I  H  V  U  T  S  K  I
K  N  O  T  I  J  T  F  T  X  A  Ä  Z  S  ß
ß  I  U  A  N  S  R  E  D  N  O  S  E  B  O
U  Z  Ä  R  I  B  F  N  I  T  S  D  O  C  E
X  J  K  T  N  ß  M  E  H  R  E  R  E  B  T
A  R  T  S  G  D  N  S  M  O  L  I  U  P  S
E  R  S  A  T  Z  Ü  S  W  U  Ö  A  G  Z  H
A  U  G  E  N  B  L  I  C  K  R  I  D  K  C
A  K  E  I  N  E  R  W  Y  T  Ö  N  F  L  E
I  H  E  R  F  O  L  G  R  E  I  C  H  A  S
S  C  H  A  U  S  P  I  E  L  E  R  P  R  K
```

ELF
KÄFIG
SCHÜTZEN
ERFOLGREICH
TRAINING
FREIHEIT
KLAR
SECHSTE
SCHAUSPIELER
GRABEN

KEINER
BESONDERS
AUGENBLICK
KASTANIEN
WEIß
MEHRERE
STRATEGIE
WISSEN
ERSATZ
TRAUBE

Puzzle 80

```
F A T T R A K T I V V H S W E
ß Ä D F O A ß M D B O O I R I
S Q U A L B N X G Ü L F G Z N
F T M S O I R M Ä W L F N N F
Q U A E T Ä E Z S Ö S N I A R
P R B H D L T X V Ö T U F C I
A D Q C L Ü I F O P Ä N I H E
V C U S L A E N Z Z N G K T R
Z Q S T N Y W X G R D H A N E
F A ß U U G O U A E I ß N E N
H T B R A M Z K G H G Ä T T L
N A C H R I C H T E N Ö E I U
B A S E B A L L G R E N Z E Ü
K U R Z E W G A N Z E N L R Ü
```

ATTRAKTIV	FÄUSTLINGE
HOFFNUNG	EINFRIEREN
BLAU	WEITER
HASS	SIGNIFIKANTE
BASEBALL	REITEN
HERZ	KURZE
BRAUN	NACHT
GANZEN	RUTSCHE
GRENZE	STAHL
NACHRICHTEN	VOLLSTÄNDIG

Puzzle 81

```
B  K  V  H  H  H  E  I  ß  E  R  G  B  O  V
E  A  A  A  A  W  U  E  N  E  N  N  E  R  T
H  N  Ü  K  H  N  O  G  S  U  E  F  F  U  Ö
Ö  I  Ü  I  N  E  T  O  D  A  M  I  E  W  D
R  N  E  K  C  A  B  N  R  C  H  J  O  Y  Z
D  C  Ö  Y  C  X  E  P  P  B  A  W  Y  C  Z
E  H  M  X  L  W  K  N  U  N  E  H  M  E  N
W  E  ß  R  R  D  I  Ü  N  H  A  U  G  E  N
S  N  Z  E  Q  R  W  N  K  N  A  H  M  E  N
Ä  P  V  N  N  W  H  Ä  T  G  E  S  E  T  Z
Y  Q  O  H  N  E  R  Ö  T  S  R  E  Z  Q  H
Ü  X  H  R  Z  I  R  G  E  N  D  W  A  N  N
W  M  F  N  T  S  B  L  E  S  O  N  L  T  H
H  E  R  D  E  K  R  A  N  K  H  E  I  T  P
```

VERWENDUNG	NEHMEN
NAHMEN	IRGENDWANN
SPORT	AUGEN
HAHN	KANINCHEN
PUNKT	AHMEN
HERDE	KRANKHEIT
GESETZ	BACKEN
TRENNEN	SELBST
BEHÖRDE	HEIßER
ZERSTÖREN	ZEHN

Puzzle 82

```
I  Y  L  I  N  T  E  R  N  E  Ö  N  W  A  Z
D  Z  N  A  T  S  B  U  S  E  E  G  Ü  Ö  O
E  N  H  N  C  Z  D  L  ß  F  O  N  H  Y  Z
N  W  C  C  P  H  Q  Z  P  P  W  U  L  E  Ä
T  I  I  Ü  Y  A  E  A  Ö  O  D  N  M  Ü  Z
I  E  L  G  ß  N  Z  N  Y  T  N  D  A  H  Ä
F  G  R  R  R  S  W  E  T  T  E  R  U  F  X
I  E  Ü  F  I  A  J  L  L  C  G  O  S  E  Y
Z  V  T  E  L  G  S  A  ß  G  R  M  E  H  L
I  K  A  K  Z  S  I  M  C  W  I  T  A  V  Ü
E  U  N  R  E  G  E  L  M  Ä  ß  I  G  E  N
R  Z  V  E  R  S  P  R  E  C  H  E  N  Y  C
E  V  E  R  P  F  L  I  C  H  T  U  N  G  Ü
N  G  E  P  R  Ü  F  T  S  O  H  N  L  Z  P
```

WIEGE	EISZAPFEN
NATÜRLICH	ORDNUNG
VERPFLICHTUNG	MALEN
IRGENDWO	WETTER
LACHEN	UNREGELMÄẞIGEN
SOHN	SUBSTANZ
VERSPRECHEN	GEPRÜFT
IDENTIFIZIEREN	TOPF
MEHL	INTERNE
WÜHLMAUS	GRAS

Puzzle 83

```
T  S  K  G  G  S  Ä  C  A  C  S  R  H  N  P
O  O  B  E  Ü  E  R  S  Ä  G  C  I  J  W  F
L  R  B  W  R  A  F  H  X  N  H  C  K  W  E
E  T  W  O  S  R  U  Ü  Ü  A  H  M  I  R  R
R  I  D  H  I  B  G  M  H  L  F  T  L  Z  Z
I  M  Ö  N  Y  E  I  S  N  L  F  U  D  B  Ä
E  E  Q  H  ß  Z  X  C  K  Ü  E  N  G  E  H
R  N  W  E  H  X  A  Ä  D  F  N  G  H  ß  L
E  T  X  I  Y  N  F  V  E  R  S  I  O  N  E
N  N  X  T  Y  E  V  I  T  I  S  O  P  E  R
S  A  M  M  L  U  N  G  E  O  T  ß  R  M  A
W  O  L  L  T  E  E  O  N  B  S  Y  E  U  L
F  Ü  Ä  N  E  N  E  I  D  R  E  V  I  L  Ö
U  N  S  E  R  E  Ä  D  H  M  L  R  S  B  C
```

GEFÜHL
TOLERIEREN
FÜLLUNG
SCHAFFEN
FIEBER
WOLLTE
SAMMLUNG
CRASH
UNSER
VERDIENEN

GEWOHNHEIT
ZEBRA
POSITIVE
SIE
SORTIMENT
VERSION
REIS
RICHTUNG
ERZÄHLER
BLUMEN

Puzzle 84

```
W Ö Ä H N R E T H C Ü H C S
I H Ä Y E Y Q R I C H T I G U
L J J U G K I B R I Ü Ä Ö U B
D D E O N H C I L D Ö T E D O
N N A M Ä H H C I S R I F P L
I R S E L V U J G E R T G P G
S R H E N H O B T D L N E O A
R E G I S E I R F L L E B P Ä
M W Ä J J S A Y O I N D R U Ä
M G X T G M E T U W K I A L N
R N Ö S S T Q L Q ß B A C Ä K
M I L I T Ä R I S C H E H R F
V E R H E D D E R T S Ü T E Z
E V C H L Ä G U Q Q Q G B G Ö
```

SESSEL	TÖDLICH
BOHNE	PFIRSICH
RICHTIG	GLOBUS
VERHEDDERT	IDENTITÄT
GEBRACHT	WILDNIS
RIESIGER	NEUEN
LÄNGE	SMARTER
WILDE	MILITÄRISCHE
MANN	SCHÜCHTERN
POPULÄRE	INGWER

Puzzle 85

```
G  I  E  W  Z  N  E  N  R  I  B  Q  V  Ä  E
A  Q  D  N  O  M  G  E  S  C  H  I  C  K  T
F  B  I  E  R  E  H  C  S  B  Ü  H  Ä  K  F
ß  R  E  I  E  M  A  R  K  T  D  Ü  A  A  A
P  N  I  E  H  C  S  N  E  N  N  O  S  L  H
J  I  E  R  H  C  S  M  P  O  C  Ü  Y  T  T
G  H  R  F  V  E  R  F  O  R  D  E  R  N  S
F  E  Q  W  Z  Q  G  N  I  G  O  Q  D  J  N
Z  A  P  B  B  P  O  Y  K  A  U  T  Z  R  R
Ö  S  N  D  P  F  P  S  J  E  I  B  O  Y  E
Ä  R  K  G  E  V  E  R  M  U  T  U  N  G  U
G  K  H  L  E  H  C  S  U  D  J  Ä  O  A  U
G  J  E  Y  D  N  E  S  S  E  D  N  E  B  A
O  T  T  L  S  C  H  N  I  T  T  O  S  ß  D
```

KALT	HÜBSCHERE
TELEFON	MOND
FREIEN	VERMUTUNG
ERFORDERN	SCHREI
GING	PRINZ
FANGEN	ERNSTHAFTE
DUSCHE	MARKT
ABENDESSEN	EIER
GESCHICKT	SCHNITT
BIRNENZWEIG	SONNENSCHEIN

Puzzle 86

```
W B D R O G E N B O D E N H X
E N T D E C K U N G W T E G K
W I L L K O M M E N S B Z N Ö
I C L L V Ü E Ü E C P E T U S
S P O N E T L A H E G I A H T
O C M Ä Ä R Ä Ü ß P Y S L E L
G J H E Y A R E M A K T P I I
J B T W G Z A H Ä Ä Ü N E Z C
I T Z E L U Z Ü T H R N E H
C O E V I R W M O Q D Y K B E
P D C Ö K O E K E B L U T J N
Ö P F V E R B R I N G E N Y Y
W P W E T T B E W E R B D E S
L O K A L I S I E R E N P L I
```

WETTBEWERB

SCHÜRZE

LOKALISIEREN

VERBRINGEN

PLATZEN

DREI

GEHALTEN

ENTDECKUNG

KÖSTLICHEN

DROGENBODEN

DES

SIEBTE

BEZIEHUNG

BLUT

MOLL

WILLKOMMEN

WIE

ZULETZT

SCHWERE

KAMERA

Puzzle 87

```
S  K  D  F  S  Ä  W  B  U  U  V  F  Q  I  R
B  O  E  T  L  I  E  Ä  X  Z  Ü  N  S  E  E
E  X  M  G  W  N  I  R  E  D  E  W  M  T  X
S  Ö  N  M  H  S  S  E  F  B  G  M  G  G  P
C  ß  T  U  E  Ü  E  N  X  R  A  Q  M  I  E
H  P  H  Ö  T  R  L  T  R  H  T  Ä  C  E  D
Ä  S  C  H  Ö  N  D  A  N  K  E  N  B  Z  I
F  J  G  E  M  E  I  N  S  C  H  A  F  T  T
T  A  B  S  I  C  H  E  R  U  N  G  U  S  I
I  E  N  T  W  E  D  E  R  L  R  U  H  H  O
G  P  X  Ü  F  T  Z  I  N  S  E  N  M  C  N
E  H  C  S  I  T  A  M  A  R  D  D  K  Ö  R
N  E  L  E  M  E  N  T  A  R  X  A  H  H  P
R  Ö  T  I  Y  R  G  G  Ö  U  D  ß  P  Ü  Ä
```

ABSICHERUNG	WEDER
SOMMER	WEISE
ZINSEN	BÄREN
ZEIGTE	HUHN
BESCHÄFTIGEN	HAMMER
HUF	HÖCHST
ENTWEDER	DANKEN
SCHÖN	EILTE
EXPEDITION	ELEMENTAR
DRAMATISCHE	GEMEINSCHAFT

Puzzle 88

```
S  A  W  E  I  L  I  M  A  F  L  Ö  O  Ö  A
P  Ä  D  L  W  Y  P  I  E  T  Ö  R  K  B  P
E  N  U  E  H  C  S  N  G  Ü  O  B  S  H  A
Z  B  A  T  C  O  W  U  I  H  U  C  L  E  R
I  L  T  O  L  Q  D  T  L  Y  H  B  Q  R  T
F  H  P  H  I  T  V  E  L  N  D  Ö  Ü  D  N
I  Ü  P  ß  M  V  Ü  R  I  P  M  A  V  Ö  E
S  F  U  O  T  L  M  T  B  Ä  T  A  C  J  R
C  E  F  H  R  I  T  C  B  U  T  T  N  H  A
H  G  Ö  E  N  E  R  H  A  F  R  E  V  ß  S
E  T  G  A  R  F  I  H  G  K  H  Ö  W  M  J
N  I  L  G  ß  ß  T  D  O  Ä  F  Z  T  X  ß
L  M  V  E  H  C  I  L  N  H  Ö  W  E  G  F
B  U  C  H  S  T  A  B  I  E  R  E  N  Y  G
```

BUCHSTABIEREN
SPEZIFISCHEN
MINUTE
ABSCHNITT
HERD
PARTNER
NÄHEN
KRÖTE
MILCH
VAMPIR

FAMILIE
VERFAHREN
WAS
MITGEFÜHL
DACHS
HOTEL
GEWÖHNLICHE
BILLIGE
FRAGTE
SCHEUNE

Puzzle 89

```
G  L  Ü  C  K  L  I  C  H  E  R  C  A  S  T
E  M  P  F  I  N  D  L  I  C  H  E  N  Ö  O
M  Ü  A  P  R  E  F  L  E  K  T  I  E  R  T
O  P  A  O  A  U  S  R  E  I  C  H  E  N  D
R  T  ß  N  V  D  Z  G  A  I  Ö  A  Y  W  D
G  K  F  Y  N  C  O  I  J  E  M  M  T  A  S
E  K  R  U  S  U  A  M  Z  T  I  P  S  R  I
N  W  M  W  O  E  D  Ü  J  R  O  S  O  T  G
E  N  E  H  C  O  R  B  E  G  E  ß  P  E  N
B  U  C  H  T  G  A  B  Ö  P  P  H  B  Z  A
Ö  Ü  R  V  I  Q  H  Q  N  V  C  C  C  E  L
X  X  ß  H  O  G  T  L  N  A  J  R  X  I  C
A  B  S  O  L  V  E  N  T  C  R  U  E  T  S
T  E  U  E  R  G  L  E  I  C  H  D  Q  U  X
```

REFLEKTIERT	TEUER
PONY	EMPFINDLICHEN
POST	GEBROCHENE
MORGEN	DRAHT
ABSOLVENT	WARTEZEIT
DURCH	BUCHT
GLÜCKLICHER	MUND
GLEICH	SIGNAL
SPITZMAUS	AUSREICHEND
SICHER	DASS

Puzzle 90

```
H Ü E T G J N E D E R N F W B
H O H Ä N E E T Z O G T I D L
A K Y C H I H S C H R E I B S
D W M C C S Ü E I N S A M E R
G X I A I P L H I E U H S B G
K E H U L D G C L R Ä Y E A Ö
Z B T F K E B I F A U L R X R
G I A S R S A L Ä Ä B E E D E
Z T X C I S ß B Ü Ö Ü N E Ö Y
D T R H W E B Ü M E H O L ß Z
Ü E C U N N V E R W E N D E T
Ä I A B V E R L E T Z T Ä Ö W
F E U C H T I G K E I T R H G
M U L T I P L I K A T I O N W
```

VERWENDET	WIESEL
EINSAMER	GLÜHEN
SCHREIB	VERLETZT
SIE	MULTIPLIKATION
HEXE	ÜBLICHE
TEE	AUFSCHUB
FEUCHTIGKEIT	ZEICHEN
DESSEN	FAUL
LEERE	REDEN
BITTE	WIRKLICH

Puzzle 91

```
O Z W Ü A M K Q G R A D H K Ä
R E ß I U Ö D A E L N U X U N
G I D I E S M T U Q E N I N Y
A T M M O K I P Ä F L I Z S Y
N U L C T E F F I M I K C T B
I N N V L H A M S T E R A H C
S G I G O R F Y A Q T K B G E
A R E B Ö U O H C E Z S S I R
T B I X J ß S H C U F M O R Ä
I S I T Z P R O D U K T L A M
O S C H M E L Z E N R P U F I
N E K N A R K Ä N Q T Z T F R
W I E D E R H O L E N E E E P
N Ö C Ü G K O H L E ß Ö N W K
```

TEILEN	WIEDERHOLEN
GIRAFFE	BEGLEITER
ORGANISATION	KAUF
PRIMÄRE	SCHMELZEN
FUCHS	KUNST
SEIDIG	GLEICHE
ZEITUNG	SITZPRODUKT
KRANKEN	ABSOLUTEN
HAMSTER	KOMMT
SOFA	KOHLE

Puzzle 92

```
S  H  A  M  P  O  O  ß  S  E  ß  Z  J  B  C
G  E  F  Ä  N  G  N  I  S  I  F  S  L  R  O
V  E  R  B  I  E  T  E  N  O  E  E  V  W  I
S  E  N  D  E  I  C  Q  H  J  G  D  U  L  Ü
D  E  M  O  N  S  T  R  I  E  R  T  L  F  Ü
E  B  E  N  E  N  S  A  H  C  I  O  P  E  S
Ü  B  S  U  I  M  M  U  G  Y  U  L  K  K  R
P  F  L  A  N  Z  E  R  P  U  W  L  Ü  G  J
B  X  Ö  I  E  R  N  S  I  N  B  E  G  R  E
I  L  X  X  B  E  D  A  S  X  ß  D  M  Ö  Ü
T  Q  H  U  R  K  C  C  M  Z  U  O  X  Ü  X
Y  N  E  G  A  R  F  H  C  A  N  M  V  N  R
A  P  H  Ä  F  U  R  E  M  O  T  E  L  Ä  A
U  B  G  E  N  A  U  I  G  K  E  I  T  X  K
```

BIT	GUMMI
DEMONSTRIERT	SHAMPOO
FARBEN	EBENEN
URSACHE	SIEDLER
GEFÄNGNIS	SAH
SENDE	PFLANZE
OHR	GENAUIGKEIT
MOTEL	NACHFRAGE
GELB	MODELL
ERGEBNIS	VERBIETEN

Puzzle 93

```
H  L  E  R  E  E  B  S  I  N  N  A  H  O  J
E  I  P  Ä  B  E  V  E  R  S  E  N  K  E  N
I  N  Q  Ü  W  O  B  J  E  K  T  S  N  Y  I
R  I  Ö  E  V  H  Y  Q  B  E  P  C  K  N  E
A  E  I  C  A  G  ß  N  E  R  Ö  H  J  L  F
T  S  I  E  G  F  K  J  O  S  ß  N  B  J  Ä
E  F  R  A  U  R  C  J  K  Q  O  E  O  S  P
N  E  R  A  B  N  E  F  F  O  B  E  C  W  Q
O  I  F  Ä  N  K  I  C  I  N  X  F  P  W  Ä
T  U  Y  I  T  Ä  E  A  R  S  Y  L  L  O  V
Z  I  P  J  Ä  H  R  L  I  C  H  O  K  Ö  ß
W  D  Ö  M  M  U  D  H  Z  E  C  C  P  L  Ä
R  E  A  L  I  T  Ä  T  C  E  O  K  D  G  L
F  U  T  T  E  R  W  U  R  F  L  E  D  U  ß
```

GEIST	LINIE
HEIRATEN	DREIECK
OBJEKT	OFFENBAREN
HÖREN	BEWEISE
JOHANNISBEERE	FRAU
LOCH	REALITÄT
PIN	PROJEKT
SCHNEEFLOCKE	VERSENKEN
VOLL	FEIN
JÄHRLICH	FUTTERWURF

Puzzle 94

```
K E N T S C H U L D I G U N G
Ü T C I T R I C K I A Z A E S
H U A M L A D U N G T ß U B C
L E U N E T A V I R P Ü F Ü H
S H S A I N B E E Z K X G G L
C M S E U Z T D Q V L R E E Ä
H C A V Ö A N S U K O F W M F
R ß G X P U Ä L P P ß W A Ü R
A N E W H F M T Ä R H S C S I
N N H R Ü T U V W Q I V H E G
K O H C S I T N E D I N T Y Ü
M A Ä M M A Z H D G Ä W G B Ü
J H A L T E N P T A Ü X Ä E Ä
K T O X D A P J S I E B E N N
```

BAD	PFUND
ÜBEN	FOKUS
TRICK	SIEBEN
PRIVATEN	JAHRHUNDERT
HEUTE	IDENTISCH
ENTSPRINGEN	MIT
KÜHLSCHRANK	SCHLÄFRIG
AUSSAGE	GEMÜSE
HALTEN	LADUNG
ENTSCHULDIGUNG	AUFGEWACHT

Puzzle 95

```
Q E T M E Y N E G R O M ß H S
E I N S C H L I E ß L I C H C
Ä I G I Z F U E Z R X U V J H
P H N A C W Ä D V A X A U A U
H C N M X C J I Z A G N Ä U B
G S N E I G E N W H K A N D L
ß I W A L D F I Ü W E Ö M T A
W S P N E R E I T U K S I D D
N Y ß F Ö G Z A H N A R Z T E
U H K H E O B E R F L Ä C H E
L P J N H L B R E N N E N S F
L U N A N G E B R A C H T E I
O N K E L B E S O R G T Ö Y M
W Ä S B R I E F Ö ß H W Y C V
```

DISKUTIEREN	EINSCHLIEßLICH
UNANGEBRACHTE	NEIGEN
WALD	ZAHNARZT
BESORGT	SCHUBLADE
BRENNEN	MAIS
WIEGEN	BRIEF
HAAR	OBERFLÄCHE
MORGEN	PHYSISCH
NULL	ONKEL
GIPFEL	MAGAZIN

Puzzle 96

```
X  ß  S  B  E  T  E  I  L  I  G  T  V  Y  F
E  E  C  E  N  T  D  E  C  K  T  C  J  Z  O
G  Q  H  C  Ä  R  P  S  E  G  I  V  X  P  R
I  L  Ö  A  B  S  C  H  L  U  S  S  S  X  T
D  F  N  E  H  C  S  I  T  N  A  G  I  G  S
N  N  E  G  N  A  F  B  A  Z  Ö  N  N  S  C
Ä  F  Ü  H  R  E  N  E  Z  F  D  U  M  N  H
T  S  ß  F  N  H  J  W  L  I  S  R  I  M  R
S  E  P  L  D  E  F  A  X  W  A  Ö  E  H  I
L  D  N  A  B  M  U  H  V  O  P  T  H  D  T
L  I  E  N  ß  M  X  R  H  O  G  S  E  E  T
O  Z  Z  F  I  U  C  E  Y  O  Y  F  G  Z  M
V  G  X  G  T  S  Ö  N  P  O  R  T  R  Ä  T
H  U  B  S  C  H  R  A  U  B  E  R  C  ß  W
```

HUBSCHRAUBER	BAND
PORTRÄT	GIGANTISCHEN
ABFANGEN	TENNIS
FORTSCHRITT	SCHÖNE
BEWAHREN	GEHEIMNIS
ENTDECKT	VOLLSTÄNDIGE
SPAß	BETEILIGT
FLAUMIG	FÜHREN
STÖRUNG	GESPRÄCH
SUMME	ABSCHLUSS

Puzzle 97

```
O Ü L N Ä T S S P I E L E R L
N B Z ß F K C U R D H F S K R
T R E P P E H J A B L B ß E S
C M Ä R A F R N U R X M X A Ü
J A ß U U H E H H R E T M I P
H S O Z T J C C C D R L S X T
A C P E O G K H I M I C H A F
L H L U B A L Z E S G Z D T Ü
B I B Ä A T I G R D B L I C D
E N E H H N C X E Y O B W O C
N E Ö T N O H T B S S U M H N
B E K O M M E N A E Z O O ß D
G E N O M M E N N K O Ö Ü Ö P
G L Ü H W Ü R M C H E N L U M
```

COWBOY	MONTAG
MICH	MEDIZIN
BEKOMMEN	SOLDAT
MASCHINE	SCHRECKLICH
OZEAN	TAXI
GLÜHWÜRMCHEN	TREPPE
MUSS	SPIELER
AUS	HALBEN
GENOMMEN	DRUCK
AUTOBAHN	BEREICH

Puzzle 98

```
A R B E I T T K M B E B V S F
Y U T X T N A I E Y Ü E O Q R
X L M S N R M N D R B V R B Ö
Ö F P A E Y Q D I H E Ö S V H
C Ä N N D S K E E R L P E L
G E J A I Z F R N E R K R R I
G V L N S M E N G E A E E L C
Ü R Z A E I T Q L L S R C U H
V E K A R V ß W J A C U H S E
N S N R F T Ö S H M H N E T Y
M E Y J I C R Ä M H U G N K O
H R J U J T G O F C N Y V J O
E H C I L B I E W S G X A Ä Ä
F X U Ö C U O K G E T U P F T
```

RESERVE	MENGE
KINDER	RESIDENT
GETUPFT	FRÖHLICHE
ÜBERRASCHUNG	ANANAS
VORSPRECHEN	VERLUST
RIEF	GENANNT
GRÖßTE	WEIBLICHE
FLUR	KRITIK
SCHMALE	MEDIEN
BEVÖLKERUNG	ARBEIT

Puzzle 99

```
Ö  G  N  N  E  D  I  E  M  R  E  V  Ö  D  R
H  H  X  D  N  U  E  R  F  X  M  A  A  E  E
Z  N  E  D  N  A  H  R  O  V  Ä  N  S  A  I
Ä  R  U  N  Ä  H  N  L  I  C  H  Q  S  L  C
H  N  O  T  W  E  N  D  I  G  K  E  I  T  H
L  N  B  E  R  Ü  H  M  T  E  N  Ü  A  G  S
E  H  C  I  L  H  Ä  M  L  L  A  K  U  E  T
R  M  Q  I  Q  O  Ü  Ö  I  G  B  T  S  P  E
P  R  W  ß  R  R  E  P  M  T  D  Ä  S  F  N
Z  G  E  T  E  I  L  U  N  G  E  M  E  L  U
T  I  E  H  R  E  H  C  I  S  D  H  H  Ü  Ü
S  C  H  L  I  T  T  S  C  H  U  H  E  C  X
F  I  N  D  E  T  S  H  E  L  L  Ü  N  K  D
E  Ü  A  Q  P  P  Z  Z  G  Z  N  R  X  T  E
```

FREUND
SCHLITTSCHUH
SICHERHEIT
HERR
ALLMÄHLICHE
ZÄHLER
TEILUNG
SHELL
DEAL
NOTWENDIGKEIT

AUSSEHEN
GUT
VERMEIDEN
BERÜHMTEN
UNÄHNLICH
REICHSTEN
VORHANDEN
FINDET
REDE
GEPFLÜCKT

Puzzle 100

```
W E K I T N A A K U C H E N G
A K Ü I N X L L A K Ä K Z Z A
C M N Y O S E O R I A S Ü R B
H G S ß K Y P G S N Z Y W U E
S ß T Y N E G I E T S F U A L
T P L I T S C Ö Z Y A H V Q S
U ß E T I S B E W I Ä K ß R T
M T R E B A N E F I E R T S E
T I E K G I G Ü Z ß O R G Ä R
V E R B R A N N T O X K E B N
J W Y Y C X L Z H K J I N N E
R Z I K Ä Ü R N U P U N P I P
K Z H C S T E R N E R O Ä C ß
Ä U O Z M Ü T I V B Y R R Q Ö
```

STREIFEN	ALL
OHNE	ALS
WACHSTUM	STIL
STERNE	AUFSTEIGEN
ANTIKE	GABELSTERNE
KÜNSTLER	ABER
GROßZÜGIGKEIT	INSPIZIEREN
ZWEI	KINO
KUCHEN	WEBSITE
JURY	VERBRANNT

Puzzle 1

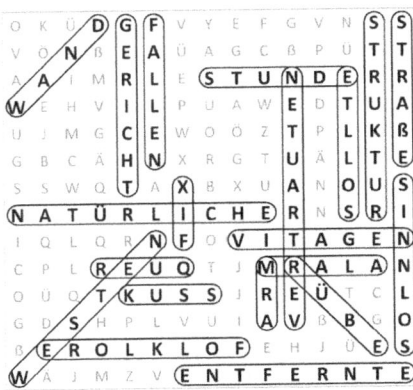

Puzzle 2

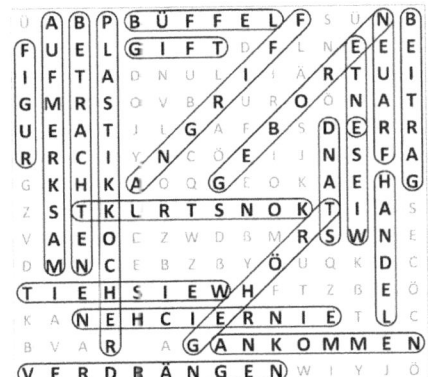

Puzzle 3

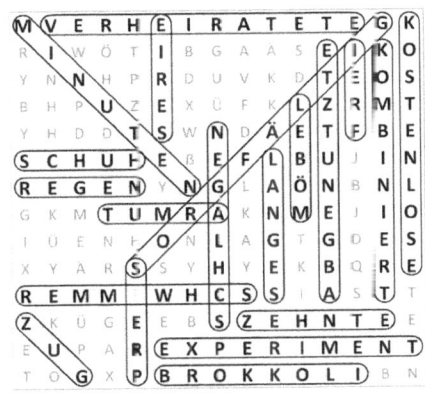

Puzzle 4

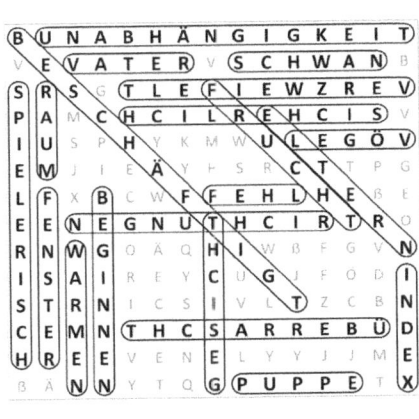

Puzzle 5

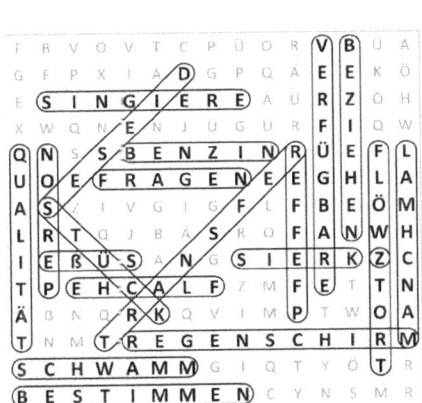

Puzzle 6

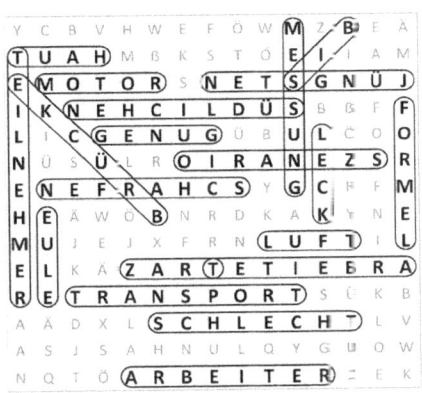

Puzzle 7

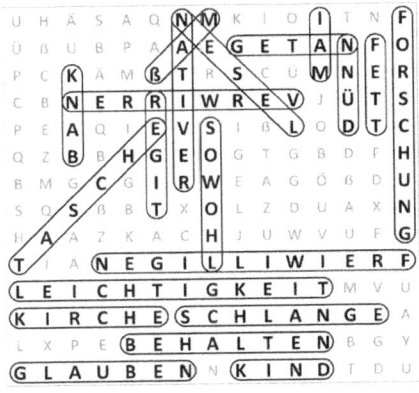

Puzzle 8

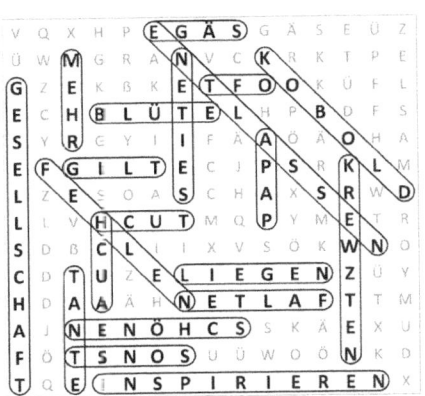

Puzzle 9

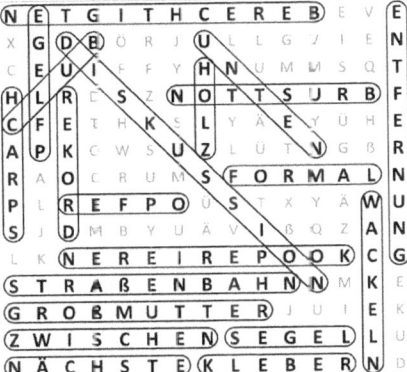

Puzzle 10

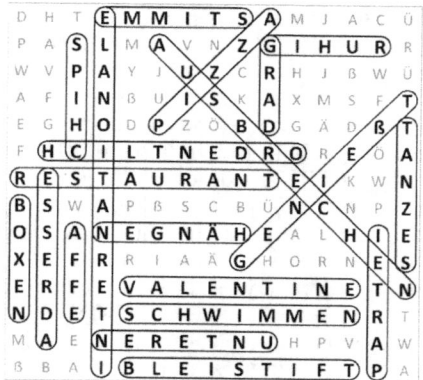

Puzzle 11

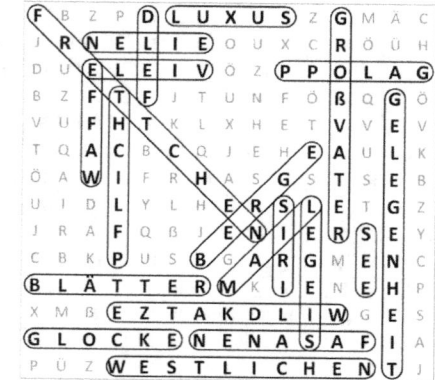

Puzzle 12

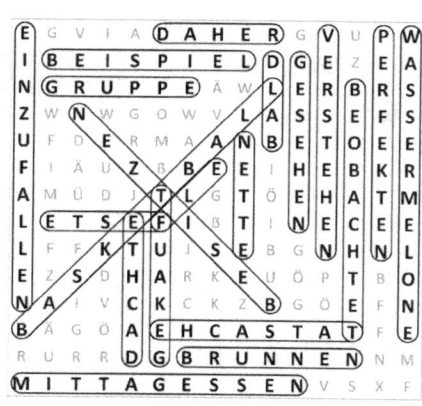

Puzzle 13

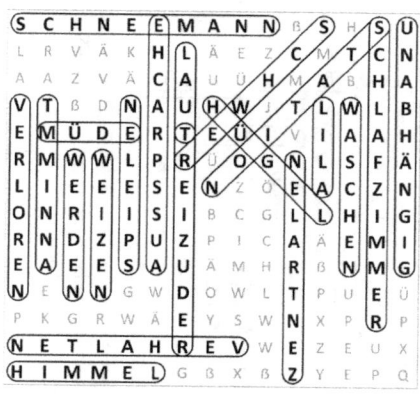

Puzzle 14

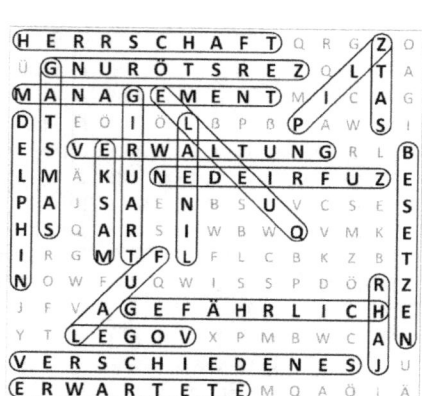

Puzzle 15

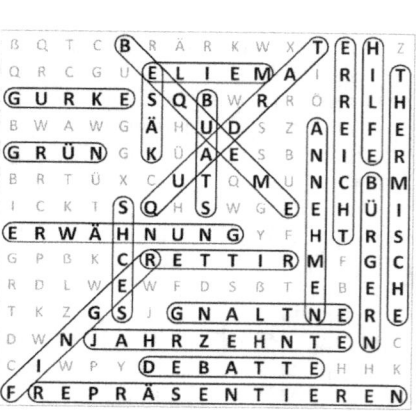

Puzzle 16

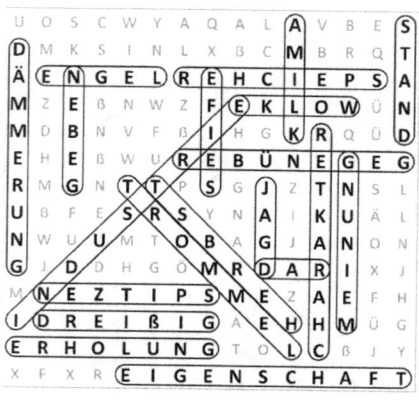

Puzzle 17

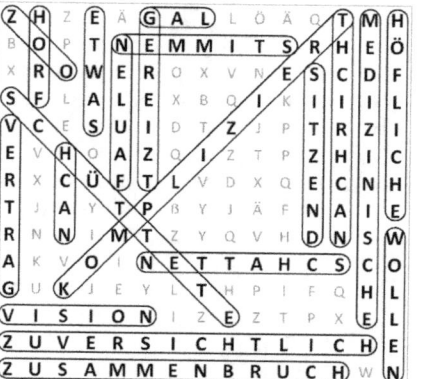

Puzzle 18

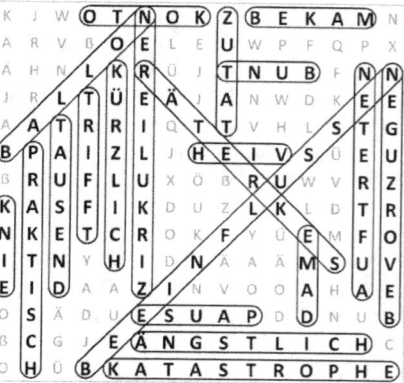

Puzzle 19

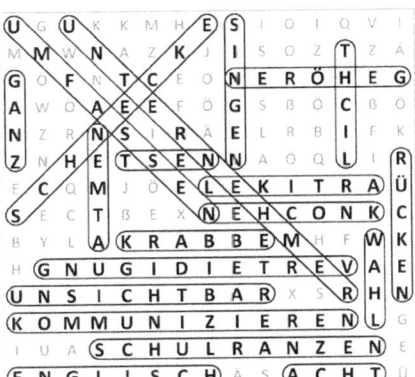

Puzzle 20

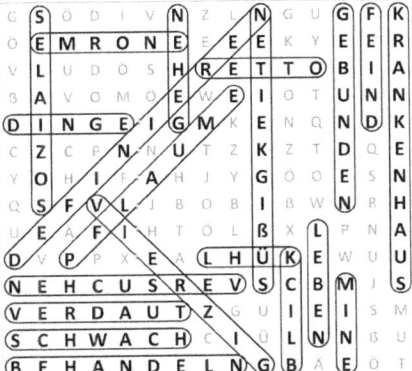

Puzzle 21

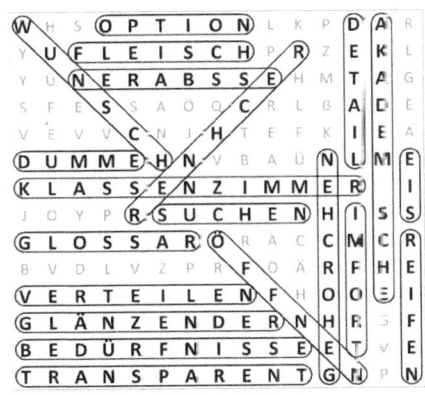

Puzzle 22

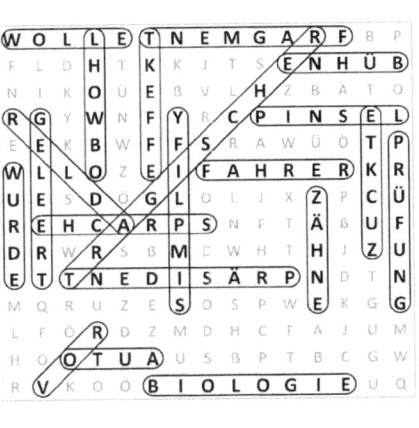

Puzzle 23

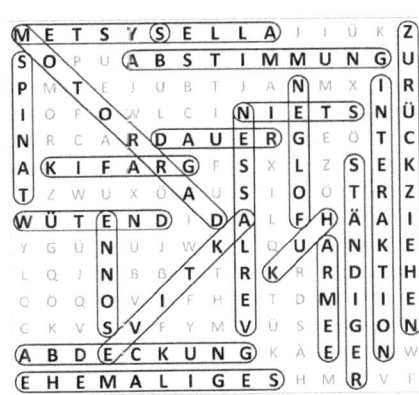

Puzzle 24

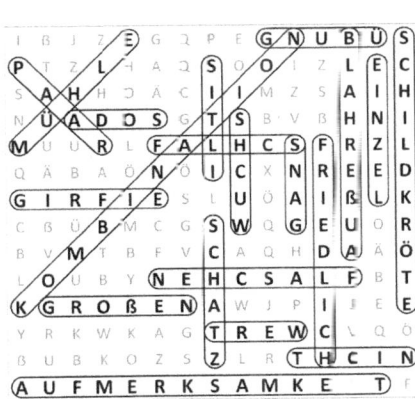

Puzzle 25

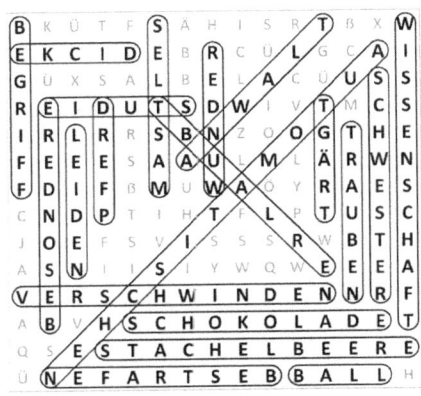

Puzzle 26

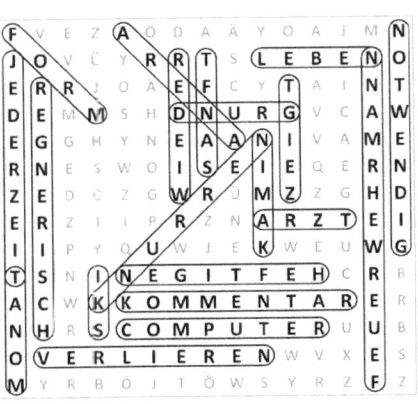

Puzzle 27

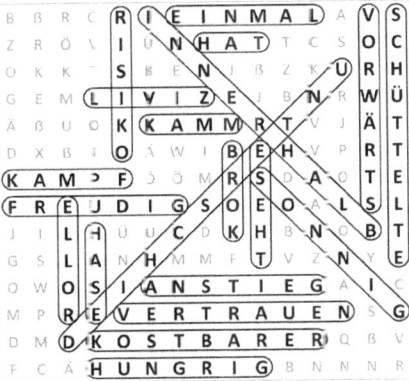

Puzzle 28

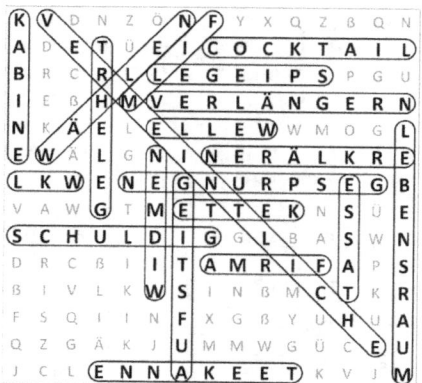

Puzzle 29

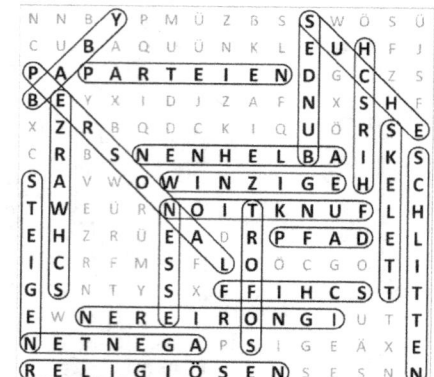

Puzzle 30

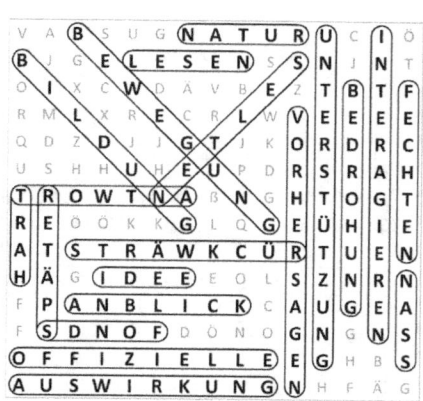

Puzzle 31

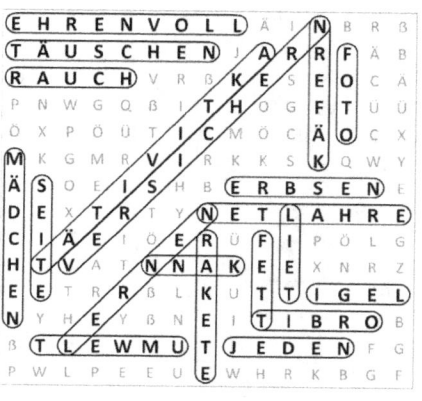

Puzzle 32

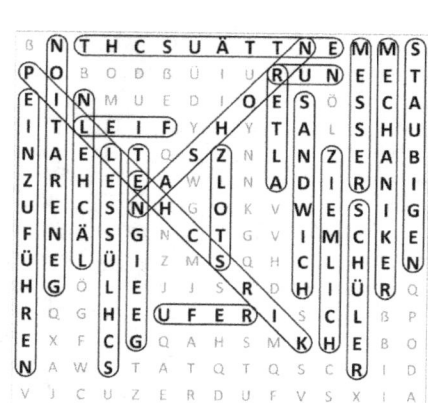

Puzzle 33

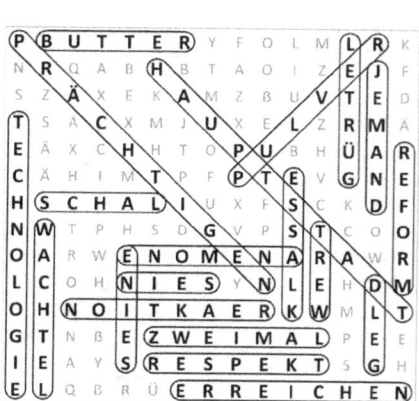

Puzzle 34

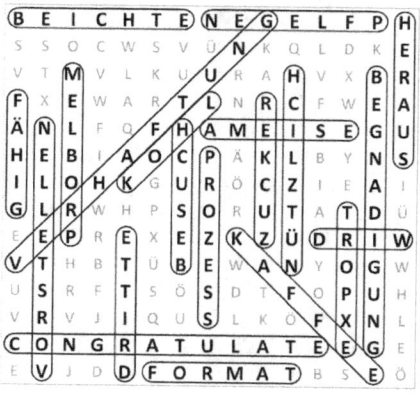

Puzzle 35

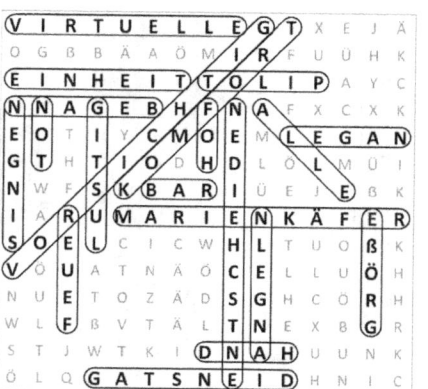

Puzzle 36

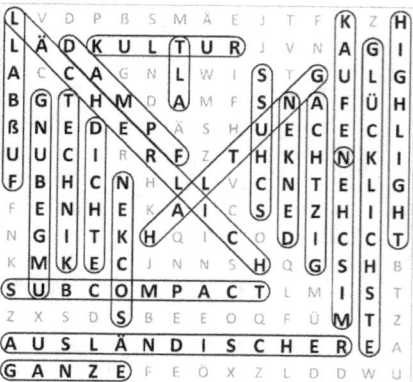

Puzzle 37

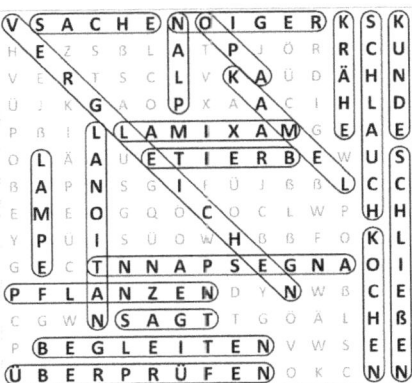

Puzzle 38

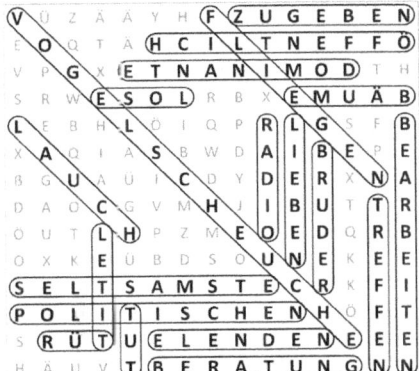

Puzzle 39

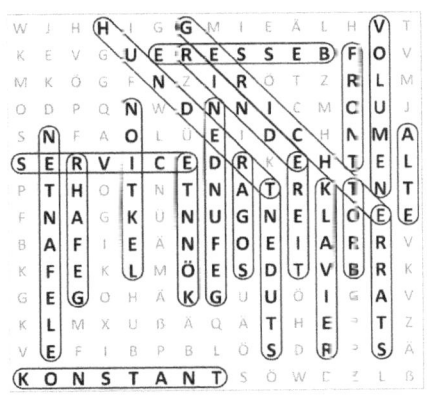

Puzzle 40

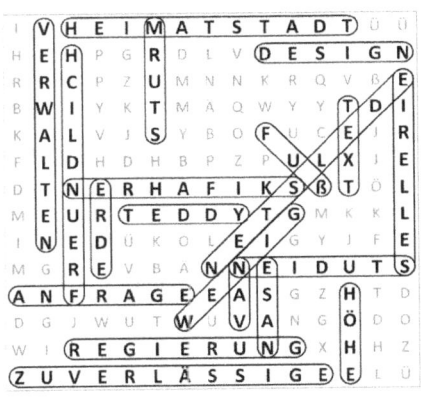

Puzzle 41

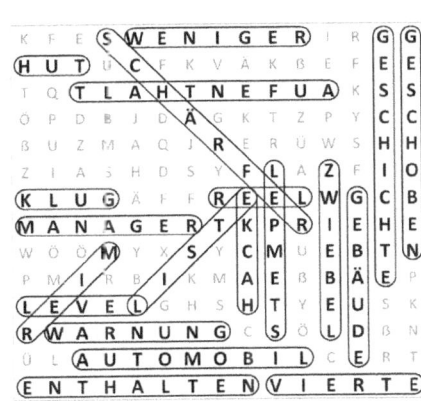

Puzzle 42

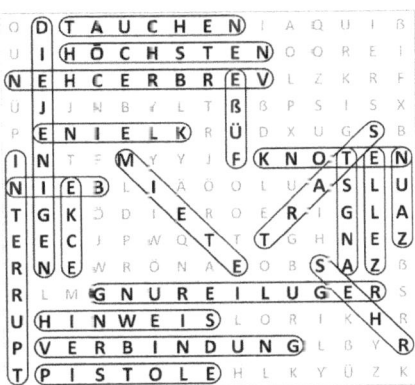

Puzzle 43

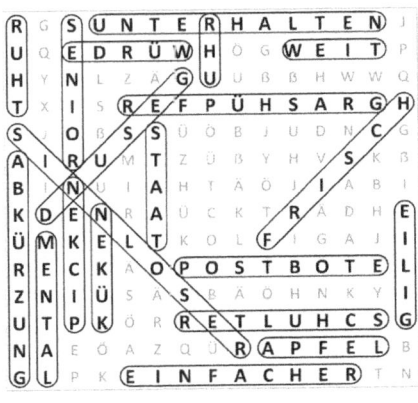

Puzzle 44

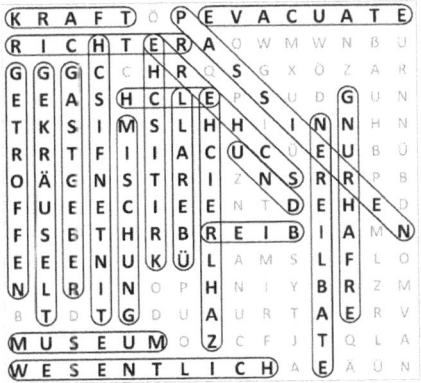

Puzzle 45

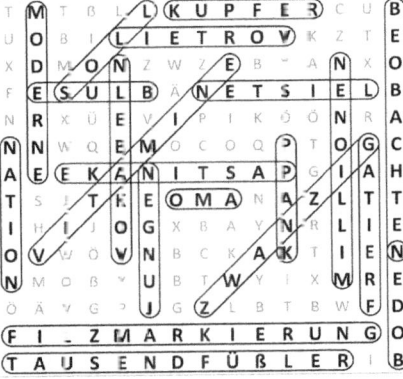

Puzzle 46

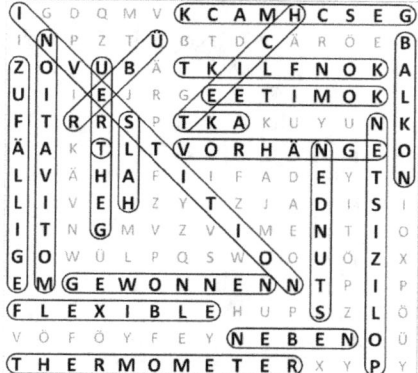

Puzzle 47

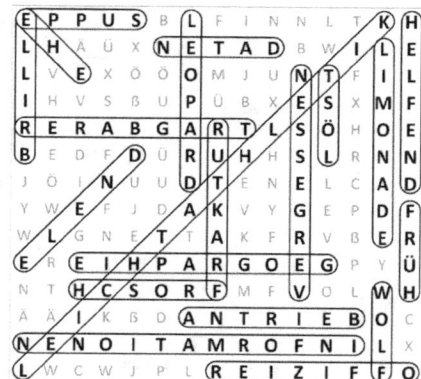

Puzzle 48

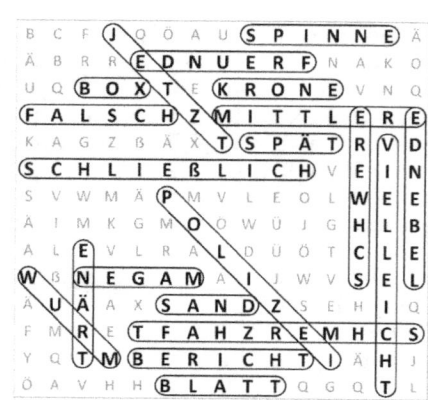

Puzzle 49

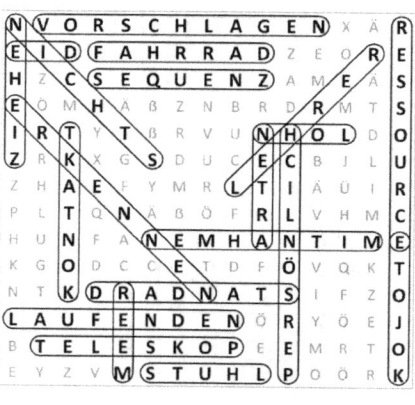

Puzzle 50

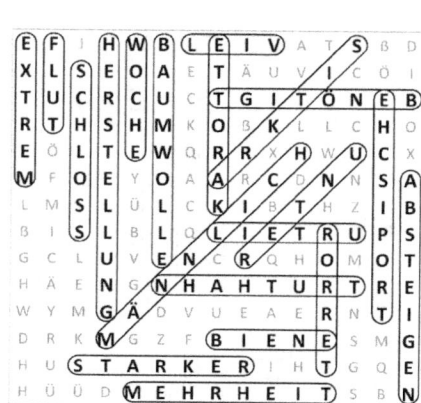

Puzzle 51

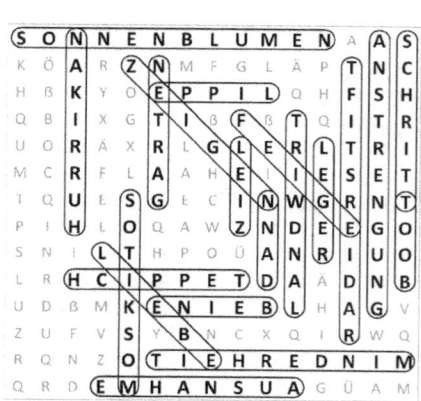

Puzzle 52

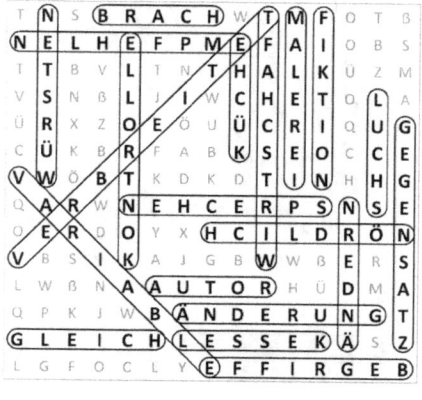

Puzzle 53

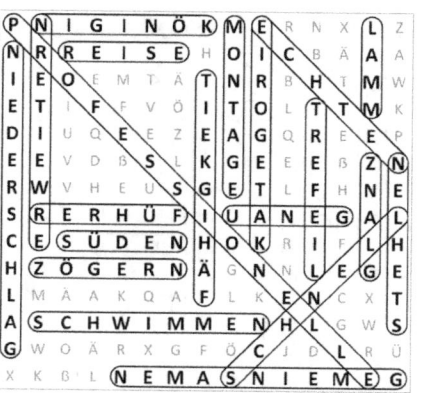

Puzzle 54

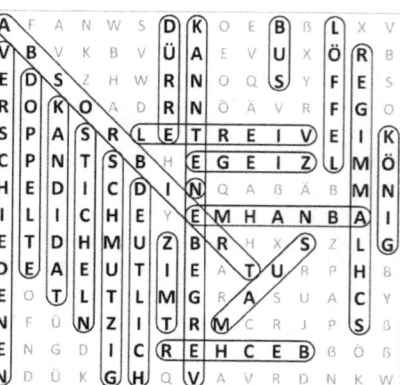

Puzzle 55

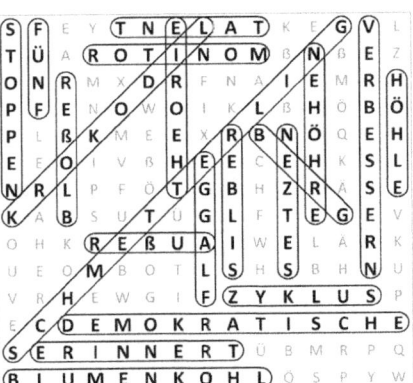

Puzzle 56

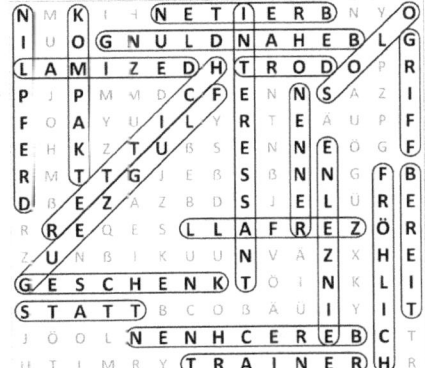

Puzzle 57

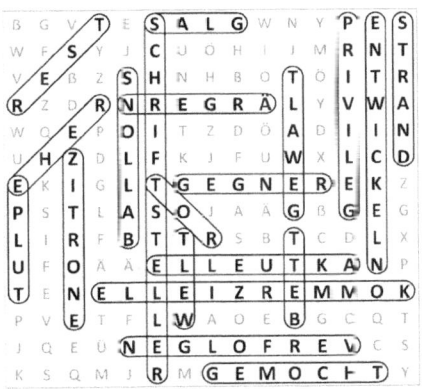

Puzzle 58

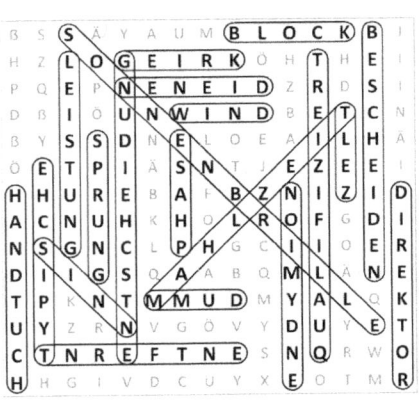

Puzzle 59

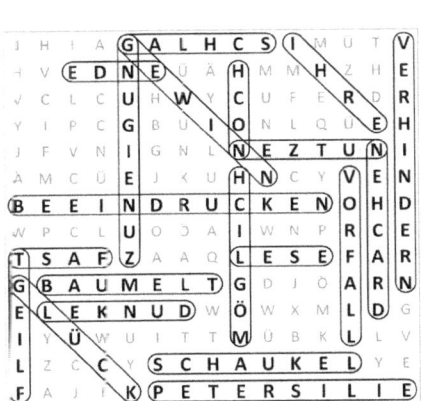

Puzzle 60

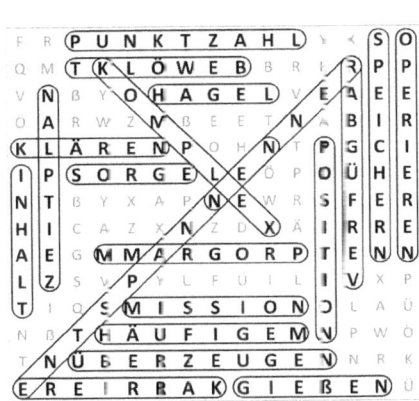

Puzzle 61

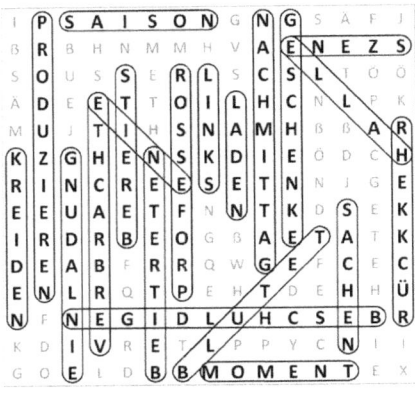

Puzzle 62

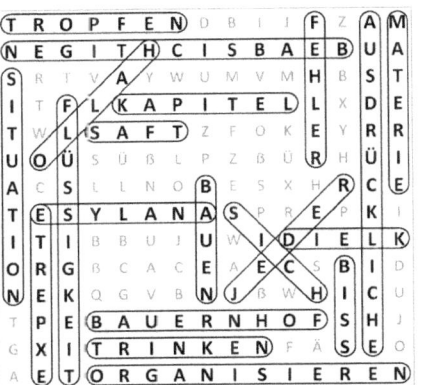

Puzzle 63

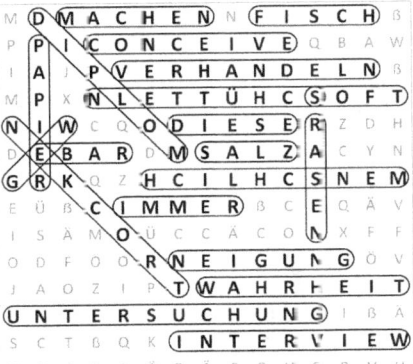

Puzzle 64

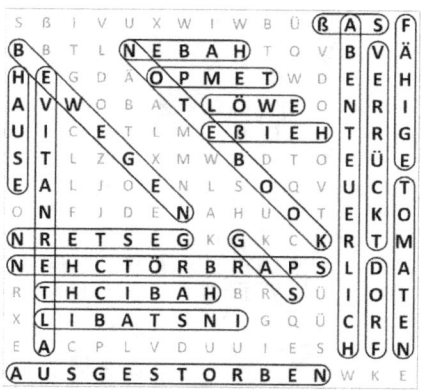

Puzzle 65

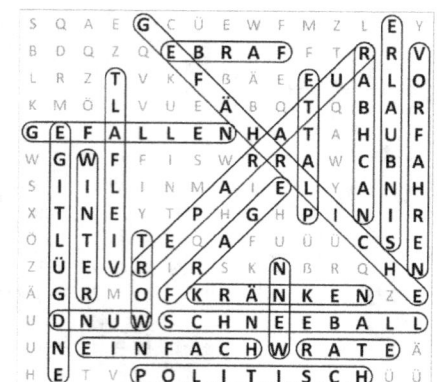

Puzzle 66

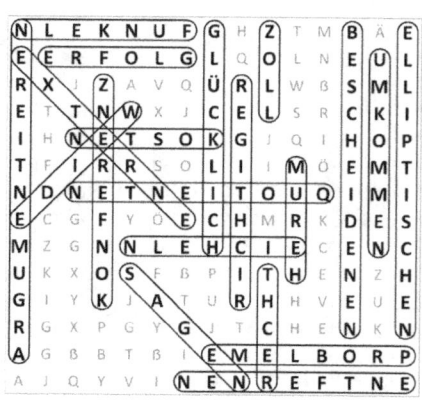

Puzzle 67

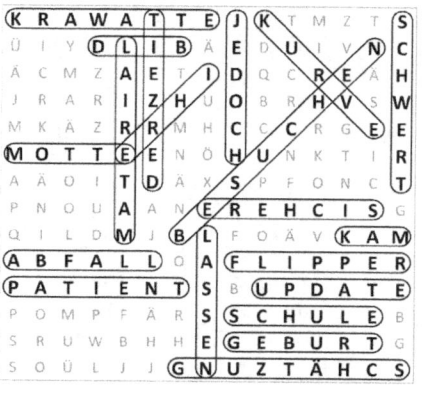

Puzzle 68

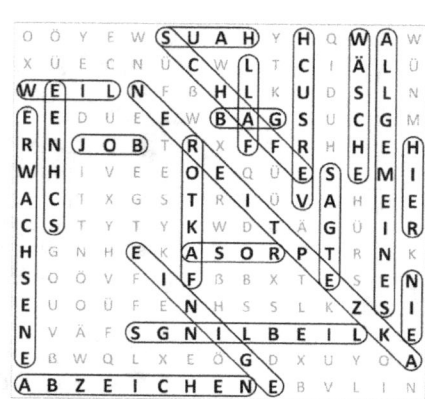

Puzzle 69

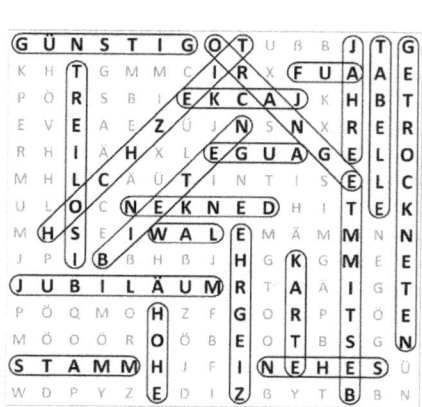

Puzzle 70

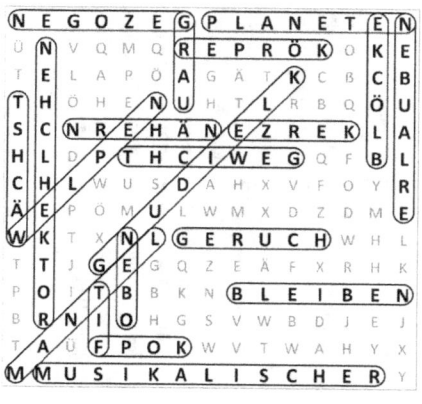

Puzzle 71

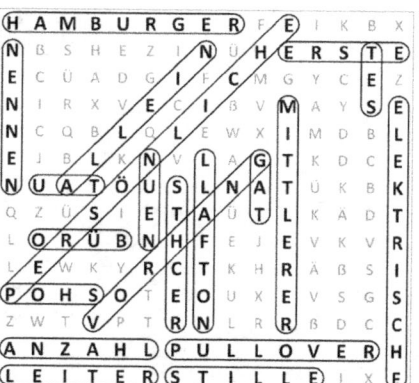

Puzzle 72

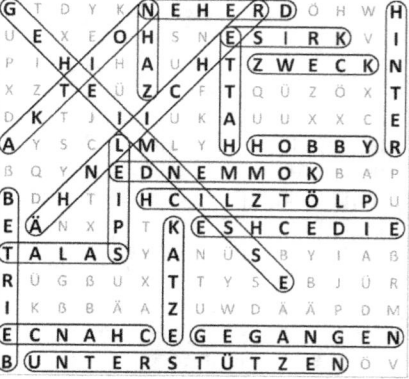

Puzzle 73

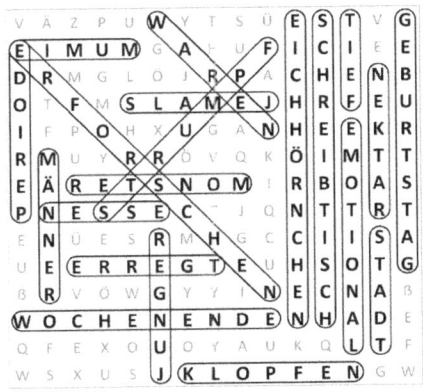

Puzzle 74

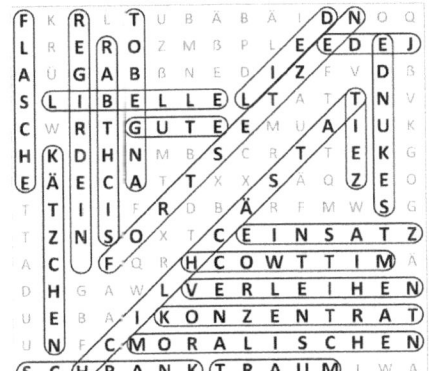

Puzzle 75

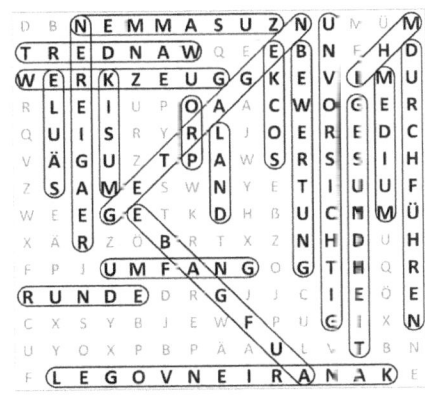

Puzzle 76

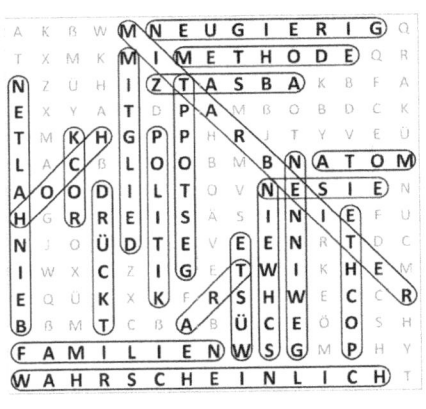

Puzzle 77

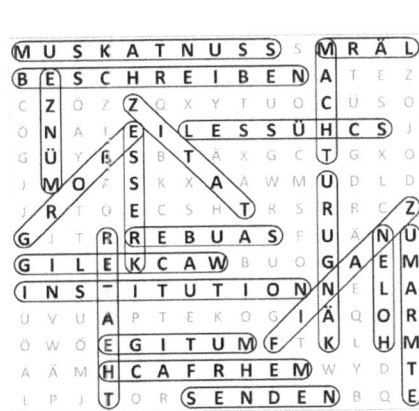

Puzzle 78

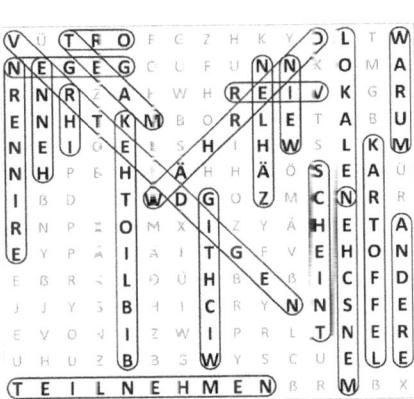

Puzzle 79

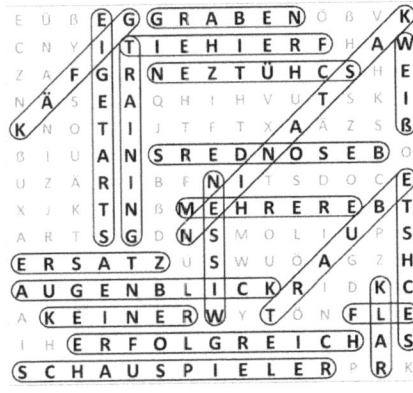

Puzzle 80

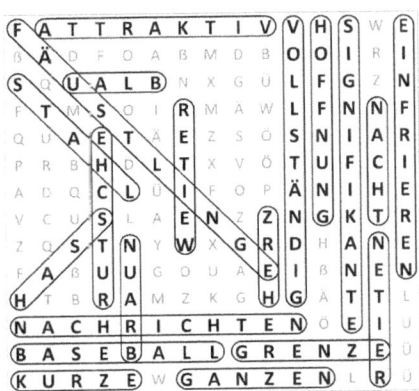

Puzzle 81

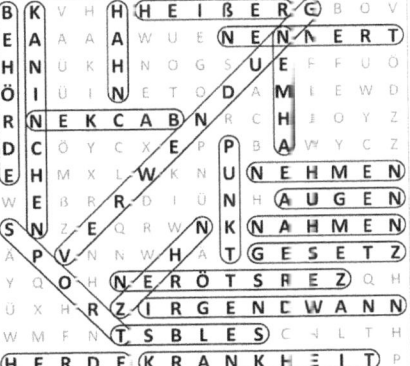

Puzzle 82

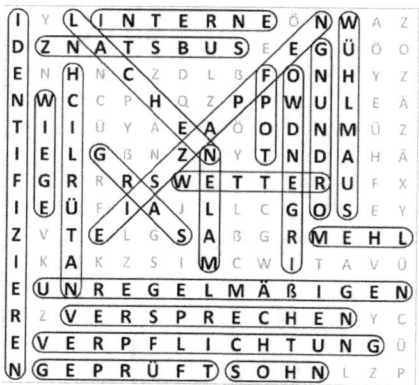

Puzzle 83

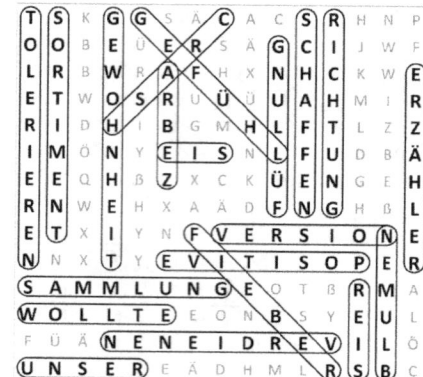

Puzzle 84

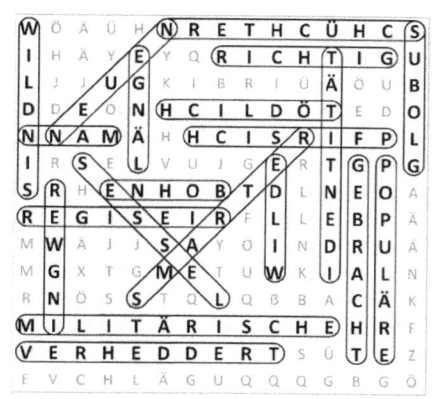

Puzzle 85

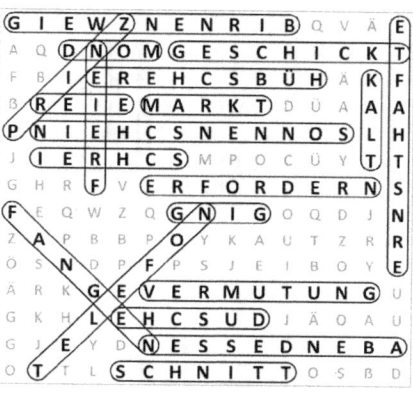

Puzzle 86

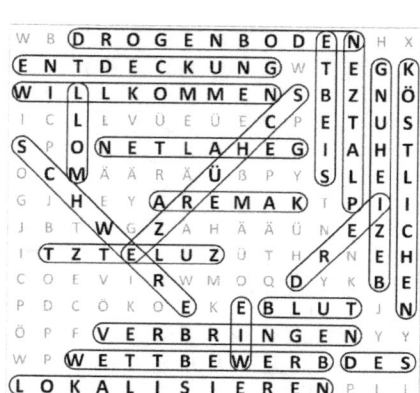

Puzzle 87

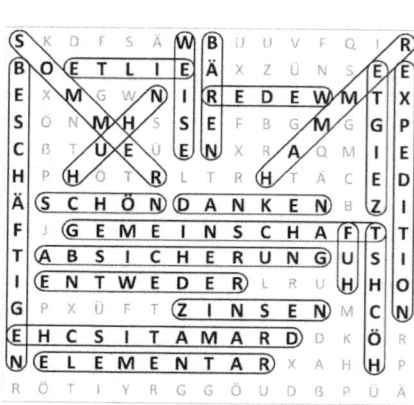

Puzzle 88

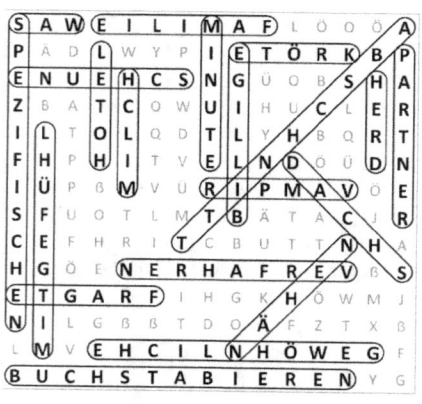

Puzzle 89

Puzzle 90

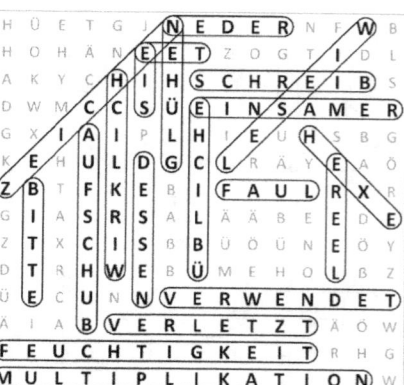

Puzzle 91

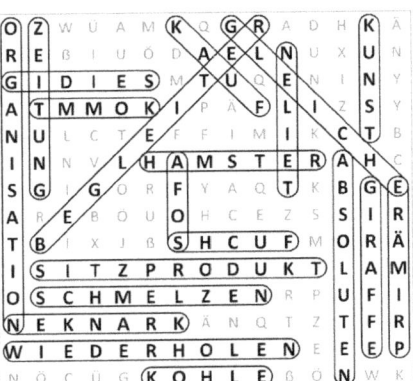

Puzzle 92

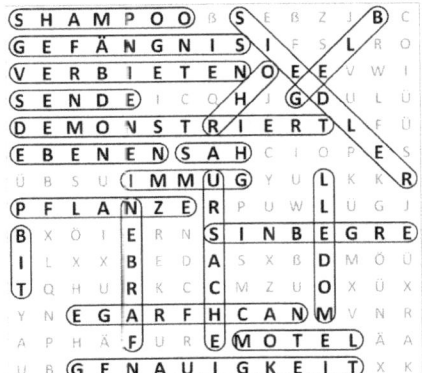

Puzzle 93

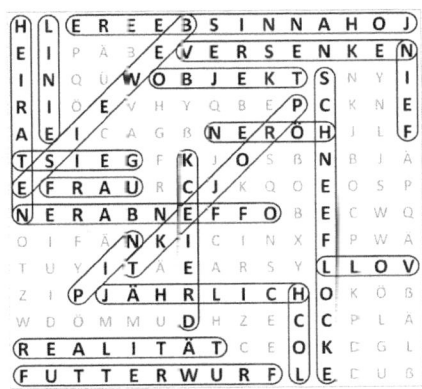

Puzzle 94

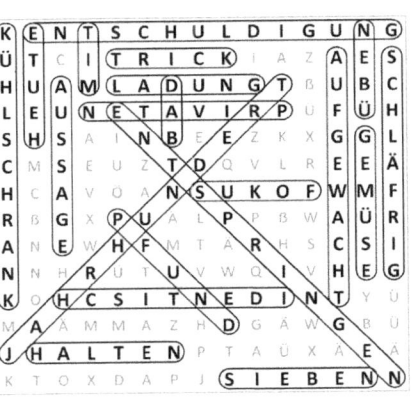

Puzzle 95

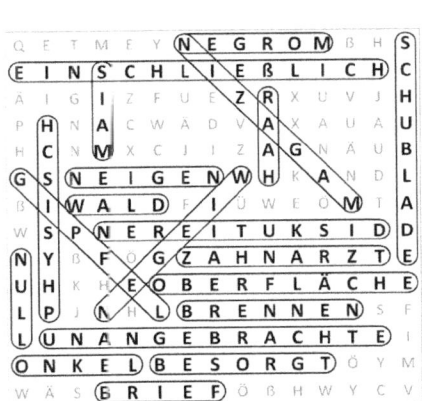

Puzzle 96

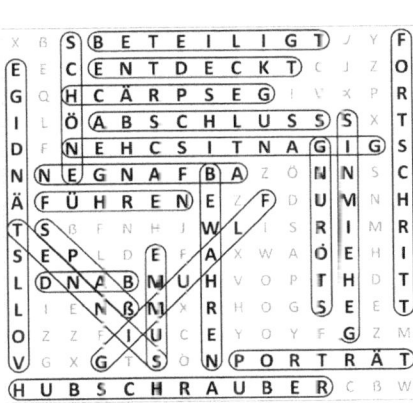

Puzzle 97

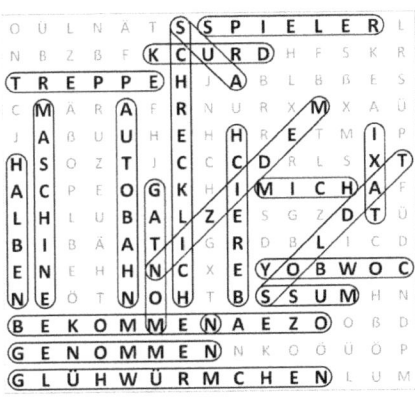

Puzzle 98

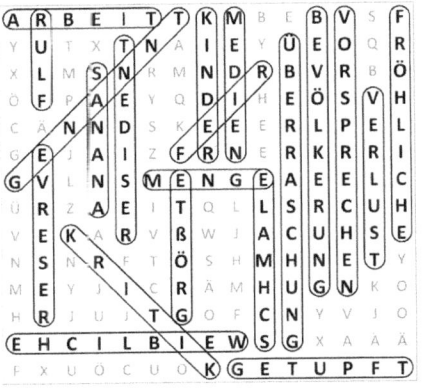

Puzzle 99

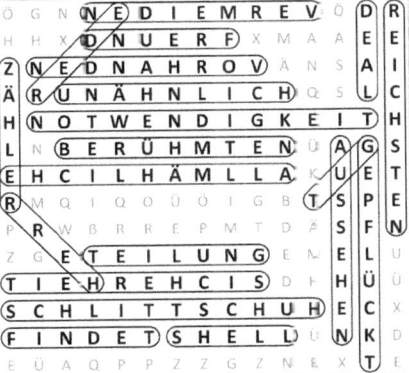

Puzzle 100

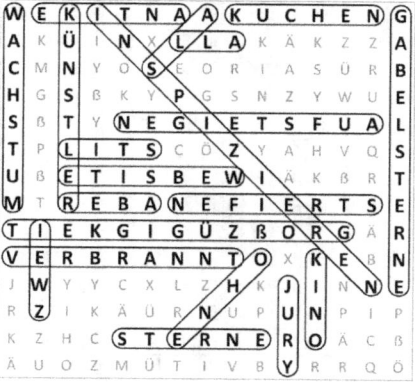

Congratulations

You made it!

We hope you enjoyed this book as much as we enjoyed making it. We do our best to make high quality games.

These puzzles are designed in a clever way to actively spark the brain and make it sharp and quick!
Did you love them?

A Simple Request

Our books exist thanks to the reviews you post on Amazon. Could you help us by leaving a review now?

Here is a short link which will take you to your Amazon orders review page.

BestBooksActivity.com/Review50

MONSTER CHALLENGE!

Challenge #1

Ready for Your Bonus Game? We use them all the time but they are not so easy to find. Here are **Synonyms**!

Note 5 words you discovered in each of the Puzzles noted below (#21, #36, #76) and try to find 2 synonyms for each word.

Note 5 Words from *Puzzle 21*

Words	Synonym 1	Synonym 2

Note 5 Words from *Puzzle 36*

Words	Synonym 1	Synonym 2

Note 5 Words from *Puzzle 76*

Words	Synonym 1	Synonym 2

Challenge #2

Now that you are warmed-up, note 5 words you discovered in each Puzzle noted below (#9, #17, #25) and try to find 2 antonyms for each word. How many lines can you do in 20 minutes?

Note 5 Words from **Puzzle 9**

Words	Antonym 1	Antonym 2

Note 5 Words from **Puzzle 17**

Words	Antonym 1	Antonym 2

Note 5 Words from **Puzzle 25**

Words	Antonym 1	Antonym 2

Challenge #3

Wonderful, this monster challenge is nothing to you!

Ready for the last one? Choose your 10 favorite words discovered in any of the Puzzles and note them below.

1.	6.
2.	7.
3.	8.
4.	9.
5.	10.

Now, using these words and within a maximum of six sentences, your challenge is to compose a text about a person, animal or place that you love!

Tip: You can use the last blank page of this book as a draft!

Your Writing:

Explore a Unique Store
Set Up **FOR YOU!**

MEGA DEALS

BestActivityBooks.com/**TheStore**

Designed for **Entertainment**!

Light Up Your Brain With Unique **Gift Ideas**.

Access **Surprising** And **Essential Supplies**!

CHECK OUT OUR MONTHLY SELECTION NOW!

- Expertly Crafted Products -

NOTEBOOK:

SEE YOU SOON!

Delta Classics Team